当代高等教育发展与创新研究

刘丹丹　胡　骥◎著

吉林出版集团股份有限公司

图书在版编目（CIP）数据

当代高等教育发展与创新研究 / 刘丹丹，胡骥著
. 一 长春：吉林出版集团股份有限公司，2023.9
ISBN 978-7-5731-4322-8

Ⅰ. ①当… Ⅱ. ①刘… ②胡… Ⅲ. ①高等教育－发
展－研究－中国 Ⅳ. ①G649.21

中国国家版本馆 CIP 数据核字（2023）第 181913 号

当代高等教育发展与创新研究

DANGDAI GAODENG JIAOYU FAZHAN YU CHUANGXIN YANJIU

著　者	刘丹丹　胡　骥
责任编辑	滕　林
封面设计	林　吉
开　本	787mm×1092mm　1/16
字　数	230 千
印　张	14.5
版　次	2023 年 9 月第 1 版
印　次	2024 年 1 月第 1 次印刷
出版发行	吉林出版集团股份有限公司
电　话	总编办：010-63109269
	发行部：010-63109269
印　刷	廊坊市广阳区九洲印刷厂

ISBN 978-7-5731-4322-8　　　　　　　　　　　　定价：78.00 元

前　言

当代中国高等教育进入了跨越式发展的时代。20世纪末，中国社会开始转型。改革开放的成就使中国迈向了小康社会，为高等教育的发展提供了良好的环境和机遇。从20世纪80年代开始，教育改革全面展开，教育投入不断加大，教育规模迅速扩大，我国高等教育得到了前所未有的发展。近年来，高校扩招给高校带来了新的生机，高等教育的社会化给大学增添了新的活力。中国高等教育正在由精英教育迈向大众教育。

千里之行，始于足下。我们可以从不同的方面，对当代高等教育的发展进行探索。教育学学科的专家进行系统而深入的研究，而其他专业与学科的教师，借鉴教育学专家所揭示的一般性的规律，结合自己丰富的教育教学经验，或许对教育的研究，在许多方面还超过了教育学专家，更何况这两类从业者本来就没有泾渭分明。因此，认真地总结教育教学经验，结合学科和专业特点，深化当代高等教育，是一件十分有意义的事情。

本书的研究是一种尝试，一种反叛应试教育的研究，一种对中国优质大众化高等教育改革的探讨，是在现有的体制框架内对教学本体改革的反思和摸索。希望这种尝试能够启发越来越多的高等教育工作者和管理者，能够为21世纪的中国高等教育本体性改革起到抛砖引玉的作用。

路是人走出来的，"世上本没有路，走的人多了，也便成了路"。本书的研究走的是一条新路，这是在民办高等教育的探索实践中走出来的新路，这条路是高等智能教育之路，是开创优质大众化高等智能教育之路。

刘丹丹　胡　骥

2023 年 3 月

目　录

第一章　创新及创新素质概述 ···1

　　第一节　创新的科学内涵 ··1

　　第二节　创新素养的构成体系及其特征 ··················6

　　第三节　创新素养发展的影响因素 ······················17

　　第三节　创新意识及培养 ·································31

第二章　中国高等教育发展分析 ···························34

　　第一节　中国高等教育发展历程 ·························34

　　第二节　中国当代高等教育发展面临的主要困难 ··········40

　　第三节　中国当代高等教育发展对策 ·····················57

　　第四节　中国当代高等教育未来发展趋势 ·················68

第三章　高等教育创新发展理论 ···························78

　　第一节　创新教育与高等教育的质量 ·····················78

　　第二节　创新型人才培养与大学生综合素质教育 ·········84

　　第三节　让大学融入自主创新的大循环 ·················90

　　第四节　高校创新教育的问题及策略 ·····················93

第四章　高等教育与创新素养发展关系理论框架 ·················112

　　第一节　解读大学教育的理论工具：组织、规训、话语 ·······112

　　第二节　大学生活的现实考察 ·································140

第五章　智能时代高等教育转型发展思考 ···················150

　　第一节　人工智能背景下如何建设世界一流职业院校 ··········150

第三节　从示范到优质：我国高校发展模式的反思与前瞻 ……166

第四节　高水平高校建设内涵解析 …………………………178

第五节　新时代"立德树人"导向下优质高校建设与发展的思考…188

第六节　创新发展，智造梦想挺起工业脊梁 ………………196

第七节　高校创新创业教育模式的构建与实践 ……………200

第八节　高校差异化定位：技术论的视角 …………………209

参考文献…………………………………………………224

第一章　创新及创新素质概述

第一节　创新的科学内涵

综合考察国内外研究，关于创新概念的界定不具确定性，普遍为人们所接受的创新概念尚不存在，原因是人们选择了不同的表达式或立足不同的衡量指标来解释同一现象。概括起来，对创新的同义表达有创造、发明、创意、创造力、创新素养、创新能力等。这些不同表达之间从字面意义和语法修辞上有所区别，并不说明它们本质上的差异。这些表达共同指向了所指事物之本质，映射出创新所具有的实际内涵。纵观创新的起源，并对国内外关于创新的不同看法进行对比分析，会使我们对创新有更深入的了解和认知。

一、创新起源

在我国，很早就有了自觉创新的思想和论述，在《尚书》中曾多次提到创新意识的重要性。《仲虺之诰》中说"德日新，万邦惟怀"，德政不断更新、进步，各国为之归向。世道有升有降，有兴有衰，政教也要依从世道变化而变化；《大学》则引用汤之盘铭"与日新，日日新，又日新。"《诗》中有"周虽旧邦，其命维新"，这些都充分表现了日新精神和生生之德，体现了不断创生、创新的精神取向。儒家的重要经典《易传》同样阐发了生生之义与日新盛德。《系辞》中说"富有之谓大业，日新之谓盛德，生生之谓易；成像之谓乾，效法之谓坤；极数知来之谓占，通变之谓事，阴阳不测之谓神"。《易传》认为，天道的本性就是生生不息，世间的事物无一不是在天道的生生之德中化成裁就，因此，顺承天道而行的万事万物，也以此日新精神和生生不息之理作为自己的本性，即将不断地创新作为最高的道德，不断地通过创新推动发展变化。虽然创新意识在我国出现很早，但"创新"一词出现在中文中，大约到了公元6世纪初，表达的主要是制度方面的革新和改造，如《魏书》中有"革弊创新者，皇之志也。"《周书》中有"自魏孝武西迁，雅乐废缺，征博采遗逸，稽诸典故，创新改旧，方始备焉"，《南史》中有"今贵妃盖天秩之崇班，理应创新"。社会的发展使得"创新"这一词语的外延逐渐丰富，随着明中叶"百姓日用之学"进入教育范围和平民教育思潮的开启，随着西方自然科学的引进和明末清初"经世致用"实学教育思潮的形成，随着中国传统的"四部之学"向"七科之学"演进，"创新"一词使用的范围不断扩展，终于涵盖到科学、技术、知识、文化、教育、制度、理论等领域。可以看出，从古代到近代关于创新的理解是建立在社会性的整体意义上的，几乎看不到从个体的创新能力或创新素养角度来探讨创新的痕迹，不管个体在社会改造和发展中发挥了如何大的作用，不论是谁的创新思想和创造性举措给时代和社会带来的变革都被融入社会的整体发展脉络中，人作为个体的力量我们无法感受，这也是我们今天之所以要研究和突破这个问题的原因。

在英语里，创新（innovation）一词源于拉丁语里的"innovare"，意思是更新、制造新的东西或改变。与创新紧密相关的创造力（creativity）是由拉丁语"creare"一词派生出来的，"creare"意指创造、创建、生成、造成，指在原先一无所有的情况下创造出新的东西，创新与创造词源意义相近。创新和创造力的研究历史，最早可以追溯至古希腊时期，哲学家们从各种不同角度来研究人的创造特性。苏格拉底提出"有思考力的人是万物的准绳"，亚里士多德在其著作《伦理学》中将"创造"定义为"产生前所未有的事物"。近代以来，哲学家们从唯理主义、唯心主义、经验主义的不同观点对创造力进行解释。19世纪中叶，当心理学发展成熟之际，学者们将创造力和想象力联系在一起，作为创造发明的一种心理基础，也意味着对创造力的认识进入科学的阶段。英国的弗朗西斯·高尔顿是研究创造心理的先驱。他于1869年出版了《遗传的天才》一书，标志采用科学方法研究创造性的开始。自此之后，有许多关于创造性的文章发表，如贾斯特罗发表了《发明的心理》，瑞伯特发表了《论创造性想象》，等等。但这一阶段的研究多偏重于理论的思辨研究，缺少实证的研究。20世纪50年代以来，国外在创新的理论研究、实践研究和研究方法使用上都不同程度地取得了许多突破性成果，在理论研究方面，涉足创造性人才的人格特征、创造性的加工阶段、创造性过程、创造性和智力的关系等问题。实践研究方面，有创造性和教育工作的研究、创造者的特征及发展研究。方法上，开始系统地编制测验量表，用心理测验来研究创造性。

目前，国际上比较公认的"创新"一词源于1912年经济学家约瑟夫·熊彼特（Joseph Schumpeter）所著的《经济发展理论》[①]。在此书中，熊彼特首次明确提出"创新"的概念。他给创新下的定义是"生产要素的重新组合"。其形式包括五种：引进一种新产品；开辟一个新市场；找到一种原料的新来源；发明一种新工艺流程；采用一种新企业组织形式。这个概念一直延续至今，而且创新也不仅仅局限于经济领域，更是扩展到政治、科技、文化、军事、教育、社会生活的许多方面，构成了现代创新概念体系。因此，研究创新须在特定的历史时期，结合特定的领域和特定目的施以研究。

二、创新释义

创新是人类为满足自身需要，以新思维、新发明和新描述为特征，不断拓展对客观世界的认知能力和实践能力的活动，是人类主观能动性的高级表现形式。在西方，英语中 innovation 创新这个词起源于拉丁语，它原意有三层含义：第一层含义是更新，就是对原有的东西进行替换。第二层含义是创造新的东西，就是创造出原来没有的东西。第三层含义是改变，就是对原有的东西进行发展和改造。在汉语中，创新一词也出现得很早，有"革弊创新""创新改旧"等说法。《现代汉语词

---

① 约瑟夫·熊彼特. 经济发展理论 [M]. 郭武军，吕阳译. 北京：华夏出版社，2015.

典》①中对创新的解释是：抛开旧的，创造新的；创造性；新意等。

虽然学术界对"创新"尚未有统一定义，但是从一般的意义上来看，我们认为，创新是指打破已有的思维模式或常规的思路和见解，利用有限的资源在特定的环境下改进或创造新的事物，探索新的方法和路径，并取得一定效果的行为和过程。具体来讲，可从以下几方面进行理解。

（1）创新是获取收益中的一个阶段。在这个阶段，需要突破常规，打破传统，产生新设想和新概念，并将其发展到实际应用的阶段。

（2）创新是创造和引进某种有用新事物的过程。在这个过程中，从发现潜在的需求开始，运用知识或相关信息进行创造，并经历事物的可行性检验，直至新事物的广泛应用为止。

（3）创新具有解决问题的作用。创新可以在解决经济问题、社会问题和技术问题等方面发挥广泛的作用，它是每个人都可以参与的事业。

（4）创新以取得的成果和成效为评价尺度。任何创新活动的目的都是取得一定的成果并推广应用，根据成果和成效可以分为小级别创新、突破性创新和里程碑式创新。

---

① 中国社会科学院语言研究所词典编辑室编.现代汉语词典[M].北京:商务印书馆,1989.

第二节 创新素养的构成体系及其特征

一、创新素养的构成体系

通过文献整理能够看出，被认为具有创新特质的创新主体，他们在各种可能的境况下都敢于试新，敢于挑战自己专业领域内现有的各种纰漏，并将此作为个人为之不懈努力的强烈的行动目标，直至达到他们预期的设想。这个过程中凝聚了他们独特的创新素养，比如，强大的知识体系、创新的思维倾向、动机水平较强的个性心理特征、孕育创新思想和行为的土壤等，这是毫无疑问的，因为他们所取得的成果是超前的或前所未有的，为社会和大众带来了正被分享和传播的人工能源，社会需要这种效力巨大的通过人力创造出来的能源，需要有更多创造这种"能源"的人。对这一类型人的创新素养构成体系的各个方面及其特征进行考察，源于对创新个体特征认识以及为研究提供可参考的参照系的需要。

吉尔福特（J.P.Guildford，1967）从智力品质和认知风格角度把创造性分解为以下方面：①敏感性，即容易接受新事物，发现新问题。②流畅性，即思维敏捷，反应迅速，对于特定的问题情境能顺利产生多种反应或提供多种答案。③灵活性，即具有较强的应变能力和适应性，具有灵活改变取向的能力，能发挥自由联想。④独创性，即产生新的非凡思想的能力，表现为产生新奇、罕见、首创的观念和成就。⑤再定义性，即善于发现特定事物的多种使用方法。⑥洞察性，即能够通过事物的表面现象，认清其内在的含义、特性或多样性，能进行意义的变换。在人格特征方面，吉尔福特等人的研究表明富有创造性的个体的人格特征表现在以下方面：①有高度的自觉性和独立性。②有旺盛的求知欲。③有强烈的好奇心，对事物的运动机理有深究的动机。④知识面广，工作中讲求条理性、准确性、严格性。⑤有丰富的想象力，敏锐的直觉，喜好抽象思维，对智力活动与游戏有广泛兴趣。⑥富有幽默感，表现出卓越的文艺天赋。⑦意志品质出众，能排除外界干扰，长时间地专注于某个感兴趣的问题之中。

根据吉尔福特关于创新素质构成体系的综合分析来看，这一体系主要由创新的操作系统和创新的动力系统两个主要系统构成。其中，智力结构、创新思维、想象力、知识（认知风格）构成创新的操作系统；非智力范畴内的气质品质、动机特性（包括兴趣）、情感、意志、性格则构成创新的动力系统。这个由相互联系的两个系统构成的结构也同时构成了人的创新素养的参照系，为现实考察提供了依据。

二、创新素养的构成要素及其特征

创新素养的构成要素包括知识结构、认知能力、创新意识、创新思维及人格特征。其依据是吉尔福特关于创新特质的系统描述。

1. 知识结构

知识是创新产生的必要条件但非充分条件。掌握大量知识并不一定就能实现创新，实现创新需要拥有高质量的知识和贯通性的知识结构。

（1）高质量的知识表征

①条件化。当不知道学到的知识在什么情况下使用时，这些知识就是僵死的知识。为了避免知识僵死，在储存知识时有必要将所学的知识与知识应用的触发条件结合起来，形成条件性知识。当面临问题、任务时，能有效提取并应用有关知识是知识有效性、活跃性的重要表现。

②结构化。当知识无法以分类、分层、排序的方式进行储存时，则无法在熟悉的记忆环境里顺利编码、联结、提取。因为没有被熟悉的记忆环境所强化、吸收，这样的知识会被逐渐淡化乃至遗忘。相反，当知识以层次网络方式，即结构化方式表征时，有助于问题的解决和创新的产生，原因是知识结构化加强了上层的知识节点（抽象知识）与下层的知识节点（相对更具体的知识）之间的某种关系的联结，通过这一关系线索能够顺利进行从抽象到具体或从具体到抽象的动力传递。由此来看，结构良好的知识有利于创新。

③自动化。实验表明，熟练的、自动化的知识有助于问题解决和思维操作的顺利进行。自动化知识可以被快速、方便地组织、提取来应对当前的问题情境。知识的熟练和自动化过程，是一个从知识记忆模糊到条理清晰，再到有效迁移的反复强化过程，个体在这一过程中付诸了巨大的脑力方面的努力。当然，随着知识熟练程度的积累，这种努力的紧张程度也会减弱，将关注点投向新的知识，有利于新的思维模式的引入，实现知识积累的螺旋式发展。

④策略化。知识能够对一般现象进行概括性的、最本质的解释，而策略性知识是指在学习情境中，人们对任务的认识、对学习方法的选择和对学习过程的调控。策略性知识包括认知策略、调控策略和资源管理策略三部分。运用策略性知识监控思维的信息加工过程和任务完成过程，能够帮助人们选择恰当策略和优化执行过程。

条件化、结构化、自动化、策略化是高质量知识的表征。在解决问题过程中，这样的知识可以被有效地提取和被创造性地使用。

（2）合理的知识结构

创新不仅要求人们具有较高的知识水平，还需要有合理的知识结构。这一结构中有五种知识必不可少。①基础知识，也称一般知识或外围知识，一般指社会生活各个领域的一般常识，是高深的专业知识的基础。②专业知识，亦称学科知识或圈内知识，是包括同一领域和同一方向的相关学科的联合体，是所从事的创造活动领域中的知识系列。③哲学知识，即高度抽象的知识结晶，是指导认识与实践的最概括的方法论。④方法论知识，即包括学习方法、记忆方法、思维方法、科研方法在内的知识，这些方法能使知识得到有效利用和开拓创新。⑤创新技法知识，是人们根据创新活动的经验和创新思维发展规律总结和归纳的实用性的创新技巧、方法及原理。知识结构的合理程度直接影响创新思维的流畅性、变通性、新颖性和创造的优势。构建合理的知识结构有利于创新在实践和现实层面的真正实现。

（3）默会知识及其作用

首度从人类知识中区分出默会知识（Tacit Knowledge）的人是英国著名哲学家、物理学家波兰尼（Michael Polanyi，1958）。默会知识是人类知识中的重要一维，默会知识本质上是一种理解力，是领会经验、把握经验、重组经验并达到对经验理智控制的能力，是个体在实践生活中获得的知识，对于科学研究具有重要意义。因为，默会知识是各种表达符号、公式、图形、概念、原理等显性知识在个人头脑中的理解，也是个人与他人在认知结果上达成共识，进行沟通、分享的重要实现途径。

扎克曼（Zuckerman，1977）用科学社会学方法探讨了杰出科学家之间，尤其是师徒之间的关系，她在这一关系的调查中发现，默会知识对科学研究者本人及研究合作中的他人都有重要影响。扎克曼研究的一项结果表明，至1972年止，已评出的九十二名美国诺贝尔科学奖获得者中，有四十八名曾经身为老诺贝尔奖获得者的学生、博士后或年轻同事，这种通过师徒关系在不同代际间延续的，或作为"徒弟"时从"师傅"那里学到的不是显性知识，而是诸如思维模式、工作标准、作业方式等更大范围的倾向性态度和不能明确表达的思维和工作方法等方面的默会知识。默会知识观认为，越是新知识其隐形的内涵就越多，提供给人们的新的暗示的机会也越大，这种隐含在默会知识中的创新因素对教育和研究都是非常重要的。

如何获得默会知识呢？要获得默会知识就必须了解默会知识存在于哪里，以什么样的形式存在着。波兰尼（Michael Polanyi，1958）早已指出，默会知识首先是与个人的身份联系在一起的，这些关乎身份的行动知识，包括言谈方式、行为准则、道德规范等，大都以默会方式来把握。其次，默会知识存在于一定的情景之中。默会知识与特定文化传统中人们共同分享的符号、概念、知识体系是分不开的。显性知识往往传达的是一些显性的社会规范，而实际支配人们行为的则是那些深深根植于社会文化传统的潜规则，默会知识涉及的这种情境性，使它无法割离于一定的社会实践，只有共享了这种社会生活实践，才能获得默会知识。既然默会知识存在于社会实践中，存在于实践参与者的共同体中，因而，学习默会知识要进入默会知识存在的实践共同体中，与特定的任务、问题情境联系在一起。

以上分析说明，知识结构作为创新素质构成的重要方面，在内容上要求尽量最大化，掌握一定的理论基础知识、深厚的专业知识、广泛的临近学科知识、科学技术发展前沿知识及在实践中积累的默会知识，并能做到各种知识的条件化、结构化、自动化和策略化，才能保证创新的实现。

2.认知能力

认知能力指人脑加工、储存和提取信息的能力，是人们把握事物构成、性能与他物的关系、发展动力、发展方向及事物基本规律的能力。认知能力是人们成功完成各种实践性活动最重要的心理条件。认知能力与观察力、记忆力、想象力、思维力、操作力密切相关，并通过这些方面来反映。

（1）观察力

观察力是指主体正确观察对象、认识对象的能力，体现个体在观察活动中表现出来的智力和观察水平的高低。作为主体的一种基本能力，在观察的敏锐性和准确性方面，不同主体间存在较大差异。创新需要敏锐的观察力，其主要特征有：①具有强烈的观察意识。②具有明确的观察目的和任务。③能制订出观察计划。④能做到全神贯注，注意力集中。⑤能运用相关知识和科学的观察方法。⑥能做到观察的敏锐性、准确性、全面性。⑦能吃苦耐劳，持之以恒。

（2）记忆力

记忆力是指人们对经验的识记、保持和再现的能力；从信息加工的角度看，记忆力指人脑对信息的输入、编码、储存和提取的能力，体现个体识记力、保持力和再现力方面的高低强弱。对于创新而言，记忆力是主体创新的基础和前提，积累经验、扩大知识和应用知识须通过记忆来实现。创新也须以记忆为基础，并在记忆品质上有所要求，其特征有：①记忆敏捷、记忆速度快。②记忆内容多，记忆广度大。③记忆准确无误。④记忆持久。⑤对记忆内容提取速度快。

（3）想象力

想象力是指人们在现有认识基础上，在头脑中加工、处理各种信息，构建新形象的能力。对创新而言，想象力的作用更加重要。人类任何创新成果，首先在头脑中以想象的方式呈现出来，经过思维加工，在实践中创新。创新思维借助想象和渗透着想象。爱因斯坦曾说过："想象比知识更重要，因为知识是有限的，而想象力概括着世界上的一切，推动着进步，并且是知识进化的源泉。严格地说，想象力是科学研究中的实在因素。"①

人人具有想象力，但个体间的想象力有很大差异，对于创新个体来说，其想象力丰富、广袤，积极、主动、灵活，具体、鲜明、形象逼真，独特、新颖，有实现的可能性和进步意义。

（4）思维力

思维力指主体运用一定知识，通过理解、比较、分析、综合、抽象、概括、判断、推理、论证和表述，得出某种正确结论和问题解决方案的能力。思维力的高低取决于以下方面：①具有较强的理解力，能理性地把握对象本质，准确理解、领会外来信息意义。②具有较强的比较力，能很快地区分事物、对象，抓住问题的根本和实质，形成真理性认识。③具有较强的分析力，能够将反映于头脑中的对象分为不同部分、层次、要素和细节，进行定性的、定量的、因果的、结构的、关系的研究，从而更深入、准确地把握事物内在联系及其本质属性。④具有较强的综合力，从宏观上形成对事物整体性质、整体特点和整体功能的认识。⑤具有较强的抽象力，即能舍去事物的非特有本质和次要属性，抽取其本质属性，并形成概念和范畴。⑥具有较强的概括力，即揭示出某一类事物的共同本质和规律，形成一般范畴和范畴体系，建立理论。⑦具有较强的判断力，即对事物属性、关系和功能进行判明和断定，并进行决策。

---

①　阿尔伯特·爱因斯坦.物理学的进化[M].北京：中信出版社，2019.

⑧具有较强的推理力，即能够根据已有知识经验，合乎逻辑地推演出新判断、新命题、新假设、新知识、新理论。⑨具有较强的论证力，即通过合理的判断、推理，使用正确的方法、策略对某一不确定性结论进行证实或证伪。⑩具有较强的表述力，即借助语言文字、公式符号、数据图表等表达思维过程和思维结果。

（5）操作力

操作力也称动手力或实践力，指主体运用已有知识、技能，接受思维指令，调动自身各肢体，改变客体现存形态以适应主体需要的能力。从根本上来说，操作力是智力和脑力的支出，是手脑并用，表现了心理对生理的支配，是信息的输出和应用，具有较强的操作力和实践能力，是创新成功的保证，其主要特征有：①操作准确，偏差小。②眼明手快，动作敏捷。③各种操作动作协调，程序合理，技术到位，技巧熟练。④操作灵活，能根据客观情况变化及时调整操作程序、方式和操作过程。

组成认知能力的观察力、记忆力、想象力、思维力、操作力各个方面联合作用于主体的认知过程，在个体间形成差异性表现，从而也对人们的创新倾向及创新实践产生不同程度的影响，实现创新，则要对以上各个方面进行训练和提高。

3. 创新意识

创新意识指创新主体在不断运动变化的外界刺激下，自觉产生的改造客体现状的创新意愿、创新观点、创新思想等的总和，是一切创新的观念形态。创新意识不同于一般意识，其不同表现为勇于、敢于、善于破旧立新，它有利于创新活动的发生、进行和完成，是创新活动的反映，亦是创新活动的动力。创新意识的特点有：①怀疑、超越、破旧立新是其根本表现。②进步、发展是创新意识的价值要求。③审美，使人得到美的享受是创新意识的追求。④感性与理性的统一，显意识与潜意识的统一，智力与非智力的统一，知识与道德品质的统一，灵感直觉与分析综合的统一，各种具体意识创新品格的有机统一是创新意识的最突出特征。

4.创新思维

创新思维指主体在实践经验的基础上，通过超常的思考方式，产生独特新颖认识成果的心理活动；从信息论的角度看，创新思维是大脑对内外信息进行加工改造，发现新问题、产生新关系、形成新组合和新模式的活动过程，创新思维的主要特征有：①创新思维具有突破性，即打破思维定式，怀疑批判已有观点理论。②创新思维具有新颖性，即使用了新材料、新方法，产生新思路。③创新思维具有独立性，即不迷信、不盲从，不屈服任何权威，不满足现成方法和答案，有充分的思维自主性和自由性。④创新思维具有综合性，即创新思维过程中，同时包括逻辑思维、形象思维、发散思维、聚合思维、求同思维、求异思维、正向思维、逆向思维等不同形式，还运用了观察、直觉、想象、灵感、假说等许多非思维形式，创造性地认识和构建新事物。⑤创新思维具有辩证性，即遵循辩证法原理，联系地、发展地看问题，随事物变化，不断调整思考问题的角度和方式，修正已有观点或结论。⑥创新思维具有开放性，即在创新活动过程中，不断地吸收外界新信息、新材料，突破旧有的思维定式。

5.人格特征

人格特征指在组成人格的因素中，能引发人们行为和主动引导人的行为，使个人面对不同种类的刺激，都能做出相同反映的心理结构。人格特质反映的是在不同时间与不同情境中，人们保持相对一致的行为方式的一种倾向，即跨时间性的和跨环境性的一致性。一个人创造性的发展及其显露，与其人格特性之间有极其显著的关系。根据各种研究和比较发现，各类具有创新潜质的人有着共同的人格特征：①有强烈的求知欲，喜欢接受各种新事物。②想象力极为丰富，富于幻想。③对未知的事物怀有强烈的好奇心，敢于探索和发现，不满足于已有的成果和结论。④坚韧不拔，执着追求，深知自己行为的价值。⑤独立自信，反叛、不从众，不轻易相信别人的看法。⑥自制力强，为达到成功目的能克服困难，并在此过程中体验快乐。⑦好孤独，全身心投入自己所从事的事业中。需要指出的是，创造型人格特征并非绝对化的，创新个体身上有时也表现出相互矛盾的人格特征，比如既聪明又天真，既内向又外向，荣格称这种复杂的人格为"成熟的人格"，但对创新个体来说，其人格特征中无法改变的以探奇猎新为动机，和为了满足自我求知欲望并坚韧不拔的强烈程度是常人所不能达到的，这也是其人格特征中最固执和使其感到得意的部分。

以上所分析的是创新素养的构成要素及其显著特征。这些构成要素包括知识结构、认知能力、创新意识、创新思维和人格特征，这些方面各自有不同的特征表现，但同时构成创新素质的内容，是创新研究中不可忽视的部分。

第三节 创新素养发展的影响因素

人的创新能力的表现过程极为复杂，不是单一条件作用的结果，而是综合地通过创新素养的培育逐渐发展形成。创新素养的构成体系中，有与个体生理和脑机能相关的内在遗传因素，亦即内源生理因素；也有支持人的发展和帮助人的生命价值实现的外部环境因素，亦即外源环境因素，因此，研究创新素养发展的影响因素可分别从个体的内在遗传生理影响和外部环境条件影响两个测度进行。其中，内部影响因素直接与个体的生理机能和脑机能有关，而外部强化与影响作用主要来自家庭、教育、群体组织、社会文化几方面。

一、内源生理因素

根据创造性生理基础研究者们的研究来看，创造性的高低与个体的生理机能上的差异有一定相关性，主要差异由三种途径引发：低水平的皮质激活、脑的右半球比左半球相对激活，以及低水平的前额叶激活。而且，创造性个体之间只有在进行创造性活动时，才表现出以上三方面的差别，平时没有这些方面的差异表现。

（一）低水平皮质激活

激活是一种连续过程，可使人从沉睡中觉醒。许多有创造性的天才人物谈到，他们创造性的灵感在类似于沉思的低激活状态下，即低水平皮质激活状态下进行。与低创造性个体相比，高创造性个体能在初级思维加工（primary process）与二级思维加工（secondary process）之间很好地转换。初级思维加工是通过具体形象而不是抽象概念进行的，具有类比和自由联想的性质，且皮质处于低水平激活；二级思维加工是以现实为导向的抽象逻辑思维，且皮质处于较高水平激活。创造性灵感常常在意识处于初级加工状态时出现，因为在这一状态下，自由联想有利于发现思维元素的新组合，可以说是创新的雏形。实验证明，高创造性个体更容易进入初级思维加工形式，处于低水平皮质激活，他们的联想和幻想活动多于常人，有利于新想法的产生。

也有实验证明，与创造性个体低水平皮质激活相伴随的是散焦注意（defocused attention）。散焦注意是指大容量的注意，且注意内容可能有着很大的跳跃性，这有利于进行独创性思考。创造性个体在类似灵感阶段，会显示低水平的皮质激活，与这一状态相伴的是他们的注意力并不集中，是一种散焦注意，但这种状况更有利于扩大创造性个体思维的自由组合和头脑中的联想与联想加工，某种灵感或想法出现的可能性会增大。相反，低创造性个体注意力过窄聚焦，有碍于他们进行创造性的思考。由此可见，低水平皮质激活是影响创新的重要生理因素之一。

（二）脑半球的不对称

创造性除了与个体皮质激活水平有关，还与左右脑半球的活动有关。已有的大量研究证明，大脑右半球与创造性的关联更大。初级思维加工方式在右半球进行，二级思维加工方式在左半球进行。这也意味着，形象的、图形的、整体性的加工是在右半球完成的，右半球处理表象信息，进行发散思维、具体形象思维，主管视知觉、形象记忆、想象做梦、态度、情感，以及发现隐蔽关系等，具有不连续性、弥散性和整体性；语言的、分析的、连续性的加工是在右半球完成的，右半球处理言语信息，进行抽象逻辑思维、分析思维，主管说话、阅读、计算、抽象记忆和时间感觉，具有分析性、连续性、有序性。由于高创造性的个体比低创造性个体进行的初级思维加工更多，因此，他们的左右半球表现出明显的不对称，右半球比左半球显示出更多的激活，创造性个体在创造时更多依赖右半球而非左半球。

（三）低水平的前额叶激活

已有关于创新发展的个体生理影响因素的探究中，还有一种观点认为，高创造性的个体有认知中枢抑制不足的倾向，经研究证明，前额叶含有这种抑制。这也就是说，在进行创造性活动时，创造性高的个体比创造性低的个体表现出低水平的前额叶激活。

所有相关研究几乎都表明，影响创造活动发生的个体基本生理条件是：低水平皮质激活、脑的右半球比左半球激活、低水平的前额叶激活。

二、外源环境因素

影响创新发展的外源环境因素归纳起来有家庭、教育、群体组织和社会文化几个方面。这些方面构成了影响创新素养发展的客观因素，各有侧重地从不同方面对个体的创新素养发展产生影响，或许是积极的，也有可能是消极的。

（一）家庭的影响

家庭中，家庭的历史、家庭的教育方式、父母的行为方式、父母的教养方式对一个人的创新发展都会有显著影响。

1.家庭历史对个体创新发展的影响

有学者曾指出，人的创新发展离不开一些特殊的群体背景模式，比如，家庭型连锁反应现象、师徒型连锁反应现象、学派型连锁反应现象、地域型连锁反应现象等。其中家庭型连锁反应现象就是指家庭历史特点对人的创新发展的影响。

对中外历史上的名人家庭及其家族历史的考察和研究都证明了家庭代际之间（一般是两代之间）在性情修养、兴趣爱好、价值观念、家庭传统、社会职业选择等方面的倾向性趋同。布鲁姆（Bloomf，1985）、费尔德曼（Feldman，1994）都通过研究证明了这一点。布鲁姆对在数学、音乐、医学等领域已取得卓著成就者进行了长期研究并发现，在他们的家庭历史中，至少两代人在同一领域或与之紧密相关的领域司职或从业。家庭的成长氛围和环境使得其子女自然地接近和有机会参与同一领域，这种由家庭成员的社会职业身份和角色所带来的影响，对其子女的影响是先入为主的，甚至是无法再矫正的。这种经由家庭组织带来的天然和便利条件，增加了其子女接近和参与这一领域的可能性。同样的，费尔德曼的研究也表明，家庭的遗传历史、父母的生育年龄、儿童的性别和出生次序、父母的工作种类和地位、家庭的宗教信仰、家庭资源的数量和种类等方面的不同，将对其子女未来的发展带来不同的影响，可能会使得来自不同家庭的个体之间存在发展程度上的差异。

2. 家庭教育方式对创新发展的影响

家庭教育的方式一般有三种，即压制型、溺爱型和民主型。其中，压制型和溺爱型的教育方式都不能调动孩子的自主性，容易使孩子养成顺从、依赖、无主见、创造性水平低等不良的行为表现。相对来说，民主型的家庭教育方式是以尊重子女的主体性发展倾向为特征的，对孩子的个性品质培养和创造动机的激活都有积极的影响，并支持子女积极参加各种活动，增加他们的身心体验，提高他们的创造性。

有大量证据表明，民主型的家庭能促进孩子创造性的养成，基本的表现是，父母与子女之间的交往比较强调理性，较少权威的限制，父母尊重自己的孩子，相信孩子的能力，鼓励独立，较少表现出过分的关照，父母双方对孩子的评判较理性，以尊重事实的态度来影响孩子。由此看来，民主和客观的态度有利于子女创新能力的发展。

3. 父母的行为及教养方式对创新发展的影响

在人的发展早期，正是各种行为习惯养成的时期，孩童的独立判断能力尚未发展成熟，对事物的认识停留在初级的感知阶段，主要通过模仿来适应不熟悉的环境，尤其是父母的行为方式更易为其子女所效仿，直接影响孩子的身心发展。许多专门研究的结果证明，父母的行为方式和行为特征对其子女的创造性发展有极大影响，高创造性个体的父母通常所表现出来的行为方式有：①父母富于表达性，与子女间沟通平等和谐，不互相隐瞒情绪。②父母总是愿意让孩子自由表达自己的想法。③父母双方都有独立性，互相尊重。④父母比较偏重兴趣、坦率、价值等个人内部个性特征，对礼貌、好学上进等社会外部行为特征的要求不是很高。⑤父母善于发现孩子的兴趣、特长，并为其子女提供发展其才能所必需的良好条件。⑥父母兴趣爱好广泛，待人平等，允许子女与外界联系，不教条，少专断。⑦父母对事物极具好奇心，做事坚持不懈、一丝不苟，并试图通过不同的方式解决问题，等等。父母的这些行为方式为其子女提供了愿意想象和尝试的自由空间，增加了孩子愿意挑战新事物的勇气和动机，也为其子女树立了榜样，孩子们通过隐性学习将会习得创造性的人格品质及思维方式。

（二）教育的影响

学校教育在取得创造性成就中具有重要作用，一是使受教育者在他们感兴趣的领域获得了一种准备，二是个体天生的创造力差异能够通过发展人的能力和发展人的创造性思维的有意识的教育活动而予以缩小。根据教育活动的特点可以发现，对个体创新性产生影响的主要教育因素有教师、教学方式、课程结构、学业评价和教育环境。

1. 教师的影响

教师对学生创新性的影响体现在三个方面：教师的品格、教师的学识、师生之间的关系。教师品格有教师个人品格和教师职业品格之分。个人品格，如忍耐、体谅、兴趣广泛、宽容、合作、民主、具有强烈的求知欲和创新精神等；职业品格，如对知识和真理的坚持和追求，对学生的关怀和对教学的热爱，对专业水平的孜孜以求，等等。教师的学识方面，如有宽厚的知识储备、长于启思、长于发展和改变、思维活跃、处处闪耀思想的灵光和智慧、善于解决问题，等等。师生关系是指教师和学生在教育、教学活动过程中结成的相互关系，反映彼此所处的地位、作用和态度等。师生关系在人格上是平等关系，在教育过程中是授受关系，在社会道德上是相互促进的关系。良好的师生关系对学生的心理和发展有积极的影响，是学生创造性养成的重要保证。这是因为，良好的师生关系首先能为学生营造一种安全的心理环境，即一种相互理解、支持的环境，没有等级划分的环境，在这种环境中，可以消除学生内心的恐惧，在比较安全的心理环境下积极思考、努力探索并形成创新品质和能力。其次，良好的师生关系能够为学生营造一种自由、宽松的学习环境，有利于学生的理性批判和理性怀疑精神的养成，这两种精神正是创新人格所必需的心理品质，表现了学生不盲从权威、对事物能够进行理性思考、分析、怀疑和批判的创新品质。最后，良好的师生关系能够促进学生自主学习能力的养成。所谓自主学习是指学生自己主动学习、自我管理整个学习过程，即学生以个性化的方式制定学习目标、调整学习策略、评价学习结果；管理学习过程，包括自我识别、自我选择、自我培养、自我控制等几个方面，这种自主学习方式需要在师生平等、自由、对话的基础上进行，教师充分相信学生的潜能，给学生自由表达的机会和独立学习的机会，发展学生的自主性和创新性。

2. 教学组织形式的影响

班级授课制是目前学校教育普遍采用的一种教学组织形式，其主要优点是：能经济有效和大面积地培养人才；有利于学习活动循序渐进地进行，使学生获得系统的科学知识；能够有计划、有组织地安排教学活动；发挥了教师的主导作用。但班级授课制也表现出严重的不足：学生在学习中的主体性受到限制，探索、实践和自主创新较少，学生缺乏创新精神、创新思想和创新能力，学生的动手能力和实践性不强。

为了弥补传统教学组织形式的不足，人们做了各种有益尝试和实践，提出了诸如设计教学法、案例教学法、程序教学法、活动教学法等许多新的教学组织形式，这些方法所坚持的重要理念是，以学生为中心，以活动为中心，以直接经验为中心，增强对学生创造能力的培养。

3. 课程结构的影响

课程结构指的是在学校课程的设计与开发过程中，根据课程类型或具体科目组织在一起所形成的课程体系结构。课程体系的结构形态会直接影响学生知识结构的形成和结构特点，包括学科类别的种类、学科间的衔接程度、学科的应用性程度等都会对学生的知识学习和实践带来影响，而且个体所具备的知识结构是其创新的客观物质准备，在很大程度上决定个体创造性显现程度。因此，对学校课程的设置要求：①立足历史前沿，建立能使学生认识、把握未来发展的知识体系和活动体系。②立足于学生的发展和学生创新性的培养，体现主体性和发展学生丰富个性。③具有针对性，适应不同年龄阶段学生的水平和需要，课程设置要适合学生个性差异和潜能差异的必选和自选相结合的体系。④课程设置要具有开放性、选择性和综合性，为学生独立思考、探索、发现提供最大空间。⑤课程设置要突出实践性，便于学生实践和操作，培养学生实践能力。以上方面是学校课程设置中需要注意的重要方面。

4.学业评价的影响

学业评价指依据一定的评价指标，采用某种工具和途径对学生学习和发展水平进行价值判断的过程。学业评价方式不仅具有判断作用，还具有导向作用，对学生来说，学生会按照评价标准的要求，调整自己的学习活动和努力方向，学业评价可能促进学生的创新性发展，也有可能阻碍学生创新性发展。

当前国内大学生学业评价的主要方式：标准化成绩测验、教师自编测验、论文测验等，这些评价方式注重对学生基本知识掌握程度的判断，很少对学生的知识应用和转化程度进行评判，这种导向作用，不利于学生创新性思维的养成。而科学的评价方式和评价标准应以学生发展为导向，发展学生天生携带的好奇性、探索性和创造性，而不是因为人为制定的标准、规则等限制人的天性的发展。

5. 教育环境的影响

教育环境是指在学校内部与教和学发生直接或间接关系的一切主客观因素。它所包含的范围非常广阔，既包括客观的物质条件，也包括主观的人文条件，还包括在教与学的过程中所涉及的人际关系、物流关系、服务关系等。比如，外显的环境指图书、课堂、校舍等，内隐的环境指学习氛围、风气、交往关系等。可以说，环境是促成学生发展的重要条件，对学生具有潜在的影响和熏陶作用，通过创设良好的环境可以协助学校育人活动价值的实现，可以帮助学生能力和创新性的发展。有利于学生创新性发展的环境特征：以尊重学生个性、多样性为前提，以协商、民主、平等为准则，以鼓励学生多向思维、积极实践，发展学生兴趣、爱好和创造性为目的。

（三）群体组织的影响

个人的创新发展是一个连续性的、弥散性的过程，依托和呈现于人们所活动的范围和群体组织中。因此，组织也成为影响人的创新性发展的因素之一。组织对人的创新发展的影响作用主要通过组织结构和组织中的人际环境两方面表现出来。

1. 组织结构的影响

组织分工、上下级制度、规章等构成组织结构的外在表现形式，并对个体的创新发展产生影响。研究人员普遍认为分工不利于创造性观念的产生，因为分工意味着对活动任务按人头分配，每个人承担了全部任务中的一部分，对不同任务和步骤间的要求和技能缺乏了解和沟通，不利于全局性、创造性观念的产生，也不利于知识技能间的迁移和活用，还会影响对创造性观念的正确评价和广泛接受，一些具有潜在价值的创新观念无法被整体组织在整体范围内承认。另外，组织中的等级制度也不利于创造性观念的产生。因为，创造性观念需要"非理性"因素的参与，创造性观念的产生是相对自由和不确定的，这一点恰恰与组织中有条不紊、按部就班、强调稳定性和明确性的等级制度相悖，从而被整个等级制度否定和拒绝。当然，如果组织能认识到个体创新能力的重要性，并通过人为的协调机制来避免客观上的矛盾，对组织的发展也是非常有意义的。

2. 组织中人际环境的影响

组织中的人际环境是指组织成员间在心理和行为上的相互影响，包括领导对下级的心理影响，也包括下级成员之间的相互心理影响。从国内外研究结论来看，人际环境对个体创造能力发挥的影响主要体现在两方面，即组织中领导者的领导风格对个体创新性的影响和组织成员的人格特质对其他人创新性的影响。如果组织中的领导过分关注权威或对权力长期占有的话，个体的独立行为和创造性想法都会受到来自上层的限制和管制。另外，从组织成员之间的关系来说，成员之间的默契程度、融洽程度、合作程度，还有每个成员个体的自主性、创造性动机、对待问题的态度和思维的方式等也会影响到组织整体创造性的表现。通过改善组织中的人际环境和人际交往将会大大提高个体创造性的发挥。

（四）社会文化的影响

社会文化较于个体而言具有先在性和历史性，这也表明，个体的成长和发展过程不是毫无依托和空洞无物的，也不是每个人都会遭遇相同的历史和毫无差别的社会生活，每一个体都置身于某一特定的社会环境和文化环境中，这种外在环境构成了个体心理发展的重要背景。个体的社会性养成、个体的创造力发展皆与这一背景密切相关。社会文化是指某一特定人群所共同享有的并对社会群体施加广泛影响的各种文化现象和文化活动的总称，是一个具有地域特征、民族或群体特征的复杂系统，这一系统包括认知、行为、风俗、历史、价值观、规定、制度、各种语言符号等。在这些组成社会文化的因素中，其中对个体的创新能力发展产生基奠性影响的是观念和语言。观念在时间上具有延续性，在空间上具有广泛性，融合了由集体成员共同演绎和广泛协同的思维范型和主观习惯，语言是构成个体思维的工具。这两个因素不仅造成个体间的发展差异，也带来了民族、国家和地区之间的文化差异。

1. 观念的影响

生活在社会中的人们在汲取社会所提供的精神和物质养分的同时，也被纳入由一系列社会规约、准则、观念所限定的各种关系框架中。在与社会和集体联结的时候，在与他人、社会进行各种交往的过程中，规约、准则、观念等对个体的牵制和影响作用是显而易见的，对人的创造性的发展也可能产生激励或阻碍的作用。比如，在价值观上，东西方文化有很大差异，西方文化强调个体价值，认为每个人都是理性的，有能力做出理性选择，尊重个性，强调个人的智力、能力与性格，强调自由发展、自我实现。东方文化强调集体价值，认为社会准则、社会角色、社会关系与群体一致比自我实现更有价值、更重要，根据托兰斯等人的观点，个人主义文化较看重独立、创造性，集体主义文化强调合作、顺从、责任感、对集体中权威的认可，这种差异对创造性表现和发展有不同的影响，自主性、独立性则更有益于创造性的发挥。再比如，对待传统的态度，东西方文化也表现出不同。西方尊重个人权利，崇尚平等，不盲从于传统和权威，鼓励积极主动、开拓创新。东方文化以中庸之道而长，个体观念和行为过于保守，善于预见未来的危险性，不愿冒险，缺乏创造性。这在现实中的表现也非常明显，尤其在教育理念和教育结果方面差距极大。

2. 语言的影响

语言是思维的工具，是思维过程中不可缺少的要素，直接影响着思维的结果。比如，丰富、灵活的语言使得思维表现同样活跃、开放，具有创造性。因为，灵活性的语言可以使人们更善于用不同的方式组织和应用知识，积极产生各种联想，利于人们选择和比较。相反，如果语言贫乏、呆板，思维也会变得狭隘、保守。语言的开放程度、对模糊性的包容程度也是创造性思维过程中所需要的一种特征，因为开放有利于借鉴和吸收，而模糊性给人的创造留下了更大的想象空间和探索空间。由此看来，作为文化载体的语言，对个体的创造性具有导向作用。

人的创新潜能的发展表现过程极为复杂，不是单一条件作用的结果。

概括起来，可以把这些影响个体创造力和创新素养发展的因素划分为内源性因素和外源性因素两类。其中外源性因素以内源性因素为基础。这些作为人的创新素养发展条件的内源性因素指人的遗传生理特征和心理特征，这是创造力发生的先决条件，如果不具备内部条件，创造和创新也就无从说起。外源性因素指文化、教育、家庭、社会环境等。外源性因素是创造力被激发、与个体内在因素发生作用，产生创新结果的促成性因素。被人们所赞叹、使用、继承、发展的所有有形的、无形的创造物皆为内源性因素和外源性因素共同作用而产生。

人的创新素养特质主要通过知识结构、认知能力、创新意识、创新思维及人格这些方面表现出来。一般来说，具有创新特性的人具备结构合理的知识，具有综合的认知能力，具有善于破旧立新的创新意识，具有打破思维定式的创新思维，还具有包含创新潜质的人格。

影响人的创新素养发展的内外两类因素，它们各自对人的知识结构、认知能力、创新意识、创新思维及人格这些方面所产生的影响是不同的。内源性因素是人进行认知活动、理性推理活动及操作活动的生理基础，正如动物具有适合各自生存的生理条件一样，而促成人的创新素养发展和形成的是在社会环境和实践环境中的长期训练。这里所说的社会环境与实践环境亦即外源性因素，包括文化、社会、家庭、教育的影响，其中文化强调人的民族性的方面，社会强调人的各种关系的建立和协调，家庭则强调亲缘关系及对家庭发展的责任，教育则强调对个体心智的改造和改变。由此可知，在外源性影响因素中，教育活动是影响人发展的最直接活动，以培养人为其目标。

教育对人的发展的影响（包括创新素养发展的影响）主要在组织化的程序、活动及教育在历史发展过程中所沉淀的特有文化、传统等方面的共同作用下实现。在教育过程中，人的知识容量不断扩大，在日常学习过程中认知能力得到训练，思维也得到训练，人的个性品质在学校的日常交往互动中逐渐形成，在教育中，人获得了不同程度的改变和发展。相比于普通教育，大学教育对人的影响层次和程度都有所增加，不仅仅因为大学教育活动的核心是高深知识，教师群体的知识专业化水平高，大学的各种资源丰富，大学具有更浓厚的校园文化氛围；而且就学生自身来看，处于大学教育阶段的学生群体在这个阶段的自我主体意识增强，思想活跃，对各种外部信息比较敏感，理性思维逐渐萌发，学习的自觉性和能动性较强，对适应社会有更迫切的要求，对自我的发展定位也逐渐明晰，等等。在大学场景中研究人的创新素养发展则更具有时代意义和现实意义，是研究人的发展与教育关系的重要方面。

第三节　创新意识及培养

一、创新意识

创新意识是指人们根据社会和个体生活发展的需要，引起创造前所未有的事物或观念的动机，并在创造活动中表现出的意向、愿望和设想。

它是人类意识活动中一种积极的、富有成果的表现形式，是人们进行创造活动的出发点和内在动力，是创造性思维和创造力的前提。

创新意识包括创造动机、创造兴趣、创造情感和创造意志。创造动机是创造活动的动力因素，它能推动和激励人们发动和维持进行创造性的活动。创造兴趣能促进创造活动的成功，是促使人们积极探求新奇事物的心理倾向。创造情感是引起、推进乃至完成创造的心理因素，只有具有正确的创造情感才能使创造成功。创造意志是在创造中克服困难，冲破阻碍的心理因素，具有目的性、顽强性和自制性。

二. 大学生创新意识的培养

创新是一个民族进步的灵魂，是一个国家兴旺发达的不竭动力。创新意识和创新思维是创新教育的核心。培养学生的创新能力必须培养学生的创新意识。21 世纪是知识经济时代，知识经济的本质就是创新，培养创新意识是对新时代大学生提出的基本要求，也是大学生必备的素质。

（一）破除创新思维枷锁

影响大学生进行创新思维的枷锁大致有如下五种：从众型思维枷锁、权威型思维枷锁、经验型思维枷锁、书本型思维枷锁、自我贬低型思维枷锁。对于大学生来说，思维的枷锁就像一座监狱，只有将守旧观念丢掉，勇于冲破思维藩篱，才能走进创新的世界。

（二）充分激发创新思维潜能

精通所学，兴趣广泛。创新绝不是无本之木、无源之水，唯有打牢知识的基础，创新才有可能。因此，大学生应精通所学课程，并培养广泛的阅读兴趣。

处处留心皆学问。学习绝不仅限于课堂和读书，事实上，学习无处不在。与他人交流是学习，上网是学习，看电视也是学习，其关键在于我们是不是用心。例如，观看电视剧时我们可以了解一些历史知识，如古人的习俗、衣着、饮食习惯、家具陈设及计谋等；看时事热点可以了解当代年轻人所思、所想、所为等。

理论与实践相结合。读万卷书，行万里路，唯有理论与实践相结合，理论才有意义。大学生应该活读书、读活书，而不应死读书、读死书。只有精通理论，才可能去改进实践，只有拥有丰富的实践经验，才可能产生新的理论。

打破砂锅问到底。大学生要培养自己的创新意识，应富有怀疑精神，探究各种事物的本源及其实质。

投身社会实践。"实践是检验真理的唯一标准"，要开发大学生的创新意识，培养大学生的创新能力，必须让大学生投身于社会实践中。只有在实践中才能找出想与做的差距，创新理念才能变为现实，创新意识、创新能力才能得到真正的发展。

第二章　中国高等教育发展分析

第一节　中国高等教育发展历程

中华人民共和国成立后，作为现代民族国家建构的重要组成部分，我国逐步完成了对旧高等教育机构的收编与改造，为中华人民共和国的高等教育发展奠定基础。改革开放后，我国当代高等教育在经历了艰难的奠基期、坎坷的挫折期后，迎来了振奋的恢复期，并以惊人的速度迈入大发展时期。

一、奠定基础期（1949—1965）

1949 年 12 月，全国首次教育工作会议在北京召开，此次会议，可视为中华人民共和国教育的开端。其后，国务院、教育部先后颁布或印发一系列规程、条例，发布教育工作指示，对我国高等教育机构的办学宗旨、任务、教学组织、课程、办学规模、专业设置等做出规定，对我国高等教育管理体制进行积极探索，取得了奠基性成就。

（一）接收改造旧高校

中华人民共和国成立之初，我国政府逐步对国民党政府遗留下来的中央大学、交通大学、同济大学、复旦大学等一百余所旧高校进行初步改造，废除国民党党义与训导制；接收由国外教会资助的辅仁大学、燕京大学、金沽大学、协和医学院、金陵大学、华中大学、东吴大学、震旦大学等高等教育机构，收回教育主权；分期分批接办中法大学、广州大学、光华大学、大夏大学等五十余所私立高等学校；在接收改造旧高校的同时，创办了中国人民大学、哈尔滨工业大学等新型高等教育机构。

（二）进行初次院系调整

为推进中国社会经济建设，提高人才培养质量，1952年，教育部根据中央精神与百废待兴的社会需求，通过借鉴苏联的办学经验，对全国高校院系、学科进行调整。调整的核心是突出理工学科，强化应用学科，如新增设钢铁、地质、矿业、航空、水利等专业或专门学院。虽然50年代的院系调整拆解了一些具有很好发展基础、发展前景的综合性大学，在一定程度上影响了这些大学的可持续发展。但此次院系调整，适应了中华人民共和国成立初期紧迫的社会需求，促进了国家经济建设。

（三）探索宏观管理模式

1953年10月，政务院公布《关于修改高等学校领导关系的决定》，提出要"有步骤地对全国高等学校实现统一与集中管理"。高等教育部统一颁发全国高等学校的建设计划、财务计划、财务制度、人事制度、教学计划、教学大纲、生产实习规程以及其他重要法规、指示或命令。

1958年4月,中央发出《关于高等学校和中等技术学校下放问题的意见》,其中规定:除少数综合大学、某些专业学院和某些中等技术学校外,其他高校和中等技术学校可以下放。在高等学校的教学中,不再执行统一教学计划、教学大纲和统编教材。高校教师亦由地方管理。此后,根据社会需求与高等教育自身发展状况,我国高等教育经历了数次收放调整。可以说,大部分调整是可行的,对稳定发展高等教育产生了积极影响。

(四)扩大高等教育规模

在改造旧大学、完成高等学校院系调整的基础上,1958年9月,国务院发布《关于教育工作的指示》,其中指出:"争取在15年左右的时间内,基本上做到使全国青年和成年,凡是有条件和自愿的,都可以接受高等教育。"由于这一目标的提出,是年,全国高等学校由1957年的229所猛增至791所;在校生由1957年的441181人,增至659627人。此期,高等教育发展虽带有跃进倾向,但仍为中华人民共和国的高等教育事业发展奠定基础。

二、挫折困顿期(1966—1976)

1971年,国务院决定对全国高等学校进行合并调整,一批院校或停办或被合并,高等教育规模急速减缩,全国高等学校由1965年的434所,减至1971年的328所,从1966年起,全国高校停止按计划招生达六年之久,停止招收研究生达十二年之久。1970年,高校虽然恢复招生,但"群众推荐"的选才方式严重影响了生源质量。故有人认为:这十年中我国至少少培养了一百万大学生、二百万中专生和十万研究生，与世界先进国家拉大了差距。

三、恢复振兴期（1977—1998）

1977 年 8 月，邓小平在全国科学与教育工作座谈会上提出改革招生制度的重要建议，10 月，国务院批转了教育部《关于一九七七年高等学校招生工作的意见》，恢复全国统一招生考试。改革开放后，在党中央的高度重视下，我国高等教育秩序迅速恢复，并获得快速发展。1978 年上半年，中央在北京分别召开全国科技大会与教育工作会议，会上提出要大力发展教育事业，数次强调要尊重教师劳动，提高教育教学质量。1978 年 8 月，教育部在河北涿县召开部属高校座谈会，广泛讨论如何加速高等教育发展、扩大高等教育规模以促进社会经济建设等问题。是年年底，国务院批准恢复建设 169 所普通高等学校，中国高等教育振兴时期的大幕徐徐拉开。此间，国家召开三次全国高等教育工作会议，反复强调深化改革、加速发展、提高质量、提高效益等问题。

（一）加强研究生教育

1983 年后，教育部将研究生培养作为高校管理的工作重点，以确保高等教育为社会输送高层人才。1984 年 7 月至 12 月，教育部、国务院学位委员会等部门连续发出关于研究生培养与学位授予问题的一系列"通知"，对研究生教育的层次、类型、学习年限等方面做出规定。与此同时，国内著名大学先后成立研究生院，加强研究生培养。

（二）重视高等教育质量

国家一方面通过挖掘高校内部潜力积极扩大高等教育规模，为社会发展提供丰厚的人力资本，另一方面，特别重视高等教育质量，加强一流大学建设。早在 1990 年 6 月，中华人民共和国国家教育委员会在讨论、制定教育事业"八五"规划时，即提出在未来十至十五年内，国家要有计划、有重点地投资建设若干所重点大学，即后来的"211 工程"。1993 年 2 月，中共中央、国务院印发了具有里程碑意义的《中国教育改革和发展纲要》及其实施意见，指出：为迎接世界新技术革命的挑战，要集中中央、地方以及其他各方力量，分期分批地重点建设 100 所左右的高等学校，在部分高校选择一些将会对国家经济、科技、国防、社会发展等领域产生重大影响的研究领域作为重点研究基地，以提高我国高校的学术影响力，进而提高高等教育质量。

（三）深化高等教育体制改革

《中国教育改革和发展纲要》不仅提出要重视高等教育质量，而且针对新时期我国高等教育发展与面临的形势、任务等，提出我国高等教育发展的战略目标、战略方针和具体改革思路，强调在经济体制改革的总体背景下，积极推进高等教育体制改革。在此期间，逐渐理顺了宏观管理中的"条块分割"，完成了高等教育招生收费双轨与并轨工作，这在一定程度缓解了国家经费投入不足的问题。

（四）推行新一轮次的院校合并

20 世纪 90 年代以来，在政府的直接组织与促动下，我国通过强强或强弱等不同的合并方式，在全国范围内组建了一批新的较大规模的"综合性大学"，其主要目的是通过合并重组形成一定的规模效应，进而向世界一流大学发起冲击。当然，无论是强强合并抑或强弱合并，其在合并之初，均产生了较大的震动，大学在获得发展的同时亦为此付出了极大的磨合代价。

四、快速发展期（1999 年至今）

1999 年 1 月，国务院批转教育部制订的《面向 21 世纪教育振兴行动计划》，该计划一方面提出"积极稳步发展高等教育"，在提高规模效益的同时，不断提高教育教学质量。另一方面，要全面振兴教育事业，使高等教育规模实现较快增长。据教育部 7 月 5 日公布的《2022 年全国教育事业发展统计公报》显示：截至 2022 年，全国共有各级各类学校 51.85 万所，各级各类学历教育在校生 2.93 亿人，专任教师 1880.36 万人。全国共有高等学校 3013 所。其中，普通本科学校 1239 所（含独立学院 164 所），比上年增加 1 所；本科层次职业学校 32 所；高职（专科）学校 1489 所，比上年增加 3 所；成人高等学校 253 所，比上年减少 3 所。另有培养研究生的科研机构 234 所。各种形式的高等教育在学总规模 4655 万人，比上年增加 225 万人。高等教育毛入学率 59.6%，比上年提高 1.8 个百分点。普通本科学校校均规模 16793 人，本科层次职业学校校均规模 19487 人，高职（专科）学校校均规模 10168 人。

大发展时期，我国在积极扩大高等教育规模的同时，中央政府对高等教育改革与发展做出重大调整，一手促规模，一手抓质量。早在 1998 年北京大学百年校庆典礼上，中央即提出"建若干所具有世界先进水平的一流大学"的主张。1999 年，教育部批准北京大学、清华大学等七所大学为"985 工程"重点建设大学。此后，南开大学、天津大学、吉林大学、山东大学等三十余所大学相继成为"985"大学。

目前，上述大学在国家财政的大力支持下，通过积极开展学科建设、汇聚培养国内外优秀人才、加强科学研究、扩大对外学术交流、探索新型管理模式等途径，已呈现良好的发展势头，在国际上产生了一定的影响。

第二节 中国当代高等教育发展面临的主要困难

一、我国目前高等教育现状分析

随着经济的飞速发展，国际间的竞争越来越激烈，越来越多的国家想在世界的大舞台上立足，科技的竞争和人才的培养日益重要，越来越多的国家认识到教育的重要性，我国亦不例外。自 20 世纪 90 年代以来，我国高等教育无论在办学规模、办学质量、办学理念、办学方式，还是在师资水平、学生人数、高教投资、管理监控上都得到较快的发展，但仍低于发展中国家的平均水平，远远未能适当超前于社会发展和经济发展。改革开放以来，我国经济保持了平均 8% 的较快增长率，富裕起来的中国人，在经济上具备了"接收更好更高教育"的经济能力，并且在心理上也产生了对高等教育的更迫切的需求。然而现有的高等教育的供给无论在数量上，还是在质量上都显得严重不足。当今我国高等教育面临的诸多问题，如果不加以探讨并尽可能提出相应的对策，对于实现我国高等教育发展新阶段的目标极为不利。

二、当代中国高等教育面临的问题

1. 当代中国高等教育结构与体制存在的问题

（1）当代中国高等教育结构存在的问题

从 20 世纪 90 年代后期开始，我国高等教育发展进入了"快车道"，这一时期，我国的高等教育招生规模和增长速度均为中华人民共和国成立以来之最，这在世界教育史上也是空前的。如此迅速的高等教育规模扩大在反映中国的经济和社会发展对高等教育巨大需求的同时，其扩张的跳跃性与结构之间不相适应的矛盾也日益凸现出来，突出表现为以下方面：

①高校办学目标不明确。我国高校在办学层次、办学方向、办学模式等方面尚未完全适应从"精英"教育到"大众"教育的转换，导致了高校目标定位不明确，专业设置不规范等特点。高校类型的分类在认识上不明确（研究型和职业型）；高等院校过分求大求全；高校办学质量评价标准偏颇；高校面向社会的观念缺失等。

②高等教育层次结构失衡。发达国家经济发展表明，金字塔型的人

才结构更能促进经济腾飞。为此，西方许多国家建立了由大学、短期大学、社区学院、初级学院构成的结构合理的高等教育结构体系。然而，我国高等教育的层次结构却严重失衡。我国普通高校专科、本科和研究生教育三个层次的学校数与在校学生数，呈两头小、中间大的"腰鼓型"结构。

③高等院校管理体制不合理。政府管理职能尚未完全放开以适应市场经济的需求，实现"逐步建立政府宏观管理、学校面向社会自主办学的体制"[①]的目标。高校之间的竞争并非来自各高校事实上存在的差异性，而是集中体现在政府分配给各院校的职能、权利及资源基础上。同时，政府控制着高校的自主权，如高校招生计划、调入职工、专业调整的审批、职称职数的控制等，导致高校自治权的丧失。

④高等教育区域布局及城乡结构失调。我国高等教育区域布局存在严重的地区及城乡差异。一方面，大部分高等院校分布在东部经济发达地区，而占国土面积 2/3 的广大西部地区只拥有 19.7% 的普通高校。这一布局严重制约了西部地区的经济发展和社会进步，使东西部之间的差距进一步拉大。另一方面，我国高等教育布局基本上是以城市为中心，高校办在中心城市以上大中城市里，高等教育城乡呈两极化。

（2）高等教育体制存在的问题

有些大学校长、书记还需是"商人"或"企业家"。因为从财政上来说，国家的教育投入不够，虽然许多年前国家就提出"财政性教育经费要达到 GDP 的 4%"，但这一目标到现在仍没有实现。过去十多年，国家的

---

① 黄霖．远程教育管理概论 [M]．成都：天地出版社，2008.

财政收入取得了两位数的增长，而教育领域的财政投入没有相应地增加，这是需要我们思考的。校长、书记要去搞项目，教育需要产业化、扩招，这些都是商业行为。校长、书记对大学的管理有时就像官员对经济和企业的管理一样，注重追求发展的速度和规模，而减弱了高校应有的人才培养、传播和创造知识的功能。

当行政化、政治化和企业化主导高等教育运作的时候，高校最重要的品质和功能反而就成了现行管理体制的载体。

2.我国高等教育质量的困境

（1）高等教育机构质量准备是否到位

中国高等教育办学规模的迅速扩大和毛入学率的大幅提升，人们有目共睹。但是，高等教育机构在大众化号召中一哄而上及其后续表现却并不尽如人意。

①高等教育跨越式发展的过程中，部分高等教育机构的思想准备尚不充分。无论是高等教育管理机构还是教育实施机构，或者是教育需求机构，面对扩招缺乏足够的思想准备，面对大量涌进校园的学生，传统的精英教育理念及管理模式是否能维系大量学生拥入后的大规模教育，以及如何对其进行合理、有效的培养、管理和教育等，对于这些问题普遍缺乏足够的思考。这是导致人们对高校的管理能力及教育水平产生怀疑的原因之一。

②高校办学力量准备不足。大量学生入学需要教师、校舍、教学设施、图书资料、馆舍场地及其他必需的活动空间，但现有的教学资源有限，

是高等教育质量受到质疑的又一原因。

③在新的情境下，高等教育在注重学生人文素质的熏陶和生存技能训练两方面都显得力不从心。大量毕业生面临的就业压力迫使高等教育机构改变以往的"严谨"转而为"功利主义"大开方便之门。毕竟，一方面，社会需求是一个未知数，几年后大量的毕业生就业问题是又一个现实而严峻的问题，而技能训练的非专业性和盲目性（表现为对热门专业的一哄而上和对冷僻专业的无人问津），使得毕业生很难以既成之规格服务于特定工作之领域或无法胜任其应会的工作。另一方面，高等教育机构费尽力气为学生就业拓展空间，然步履维艰，前者很少从这种艰难中意识到自己在人才培养的规格、技能等质量问题上所存在的不足。再一方面，人文素养的熏陶由于受就业压力的驱使而很难到位。为了"适应"社会的多样性需求与现实需要，高等教育难免会在世俗的要求面前而沦落为社会的附庸，这也是当前高等教育机构日益不像它理应成为的那样而受到人们指责的原因之一。最后，部分高等教育机构的管理制度支撑乏力。

（2）高等教育质量是否滑坡

最近几年，中国高等教育进入大众化阶段，但是中国社会对高等教育质量的定性也倾向于两种极端，一是认为随着高等教育扩招，质量随之下降。一是认为即便扩招，质量也并未降低。前者，是社会对当前高等教育质量的普遍质疑，将扩招视作质量下滑的罪魁祸首；后者，则大多是高等教育机构的自我辩护。随着高等教育办学模式的多样化，其质量标准也应当是多样化的。细细思量这两种声音，我们不难看出，在判断质量方面，扩招被从普遍意义上作为一种界点（分水岭）。那么，高等教育规模扩大了，质量究竟是否下降，抑或，对质量的判断是停留在并未降低的层面还是应该有更高的追求，多样化的质量标准应该如何把握，大众化的质量又如何来保证，等等，所有这些都给高等教育领域带来了一系列值得深思的问题。另外，在大众化进程中，精英教育质量是否受到了冲击，如何处理精英教育的既定理想与大众化高等教育的严峻现实之间的观念冲突。

（3）究竟什么是高等教育质量

长期以来，高等教育质量研究苦于没有自己的理论原点，故在其研究领域也大多亦步亦趋。什么是高等教育质量？对照当前在我国高校及社会中司空见惯的各种现象，我们就很容易产生这样的疑问：成绩是质量、证书是质量、学位是质量，还是考试本身就是质量？到底什么是高等教育质量？这是一个非常复杂的问题。它的复杂性之一在于其概念界定的差异性及多样化；其复杂性之二，即基于差异性及多样化基础上的高等教育质量评判的模糊性及非满意性。因其复杂所致的认识的不尽相同，是当前高等教育的质量困境之一。

（4）当前我们需要什么样的高等教育质量

高等教育质量是否意味着对消费者需求的满足，抑或由于主体的多元化及需求的多样性而衍化为无所不包、无所不能的东西。那么，什么样的大学才是人民满意的大学呢，亦即大学应具备哪些特征才能令人民满意呢？这其实就涉及高等教育的价值判断问题，归根结底也可视为高等教育质量及质量观的集中反映。如果我们将质量视为物体对人们的需求的满足程度，高等教育质量应尽可能地考虑到高校所为之服务的对象（社会及受教育者）的真正需求何在，真正地体现以服务对象为中心。

那么，高等教育服务对象的真正需求是什么呢？难道大学应该满足世俗的需求而日益脱离其本应恪守的"高深学问"的道德底线，抑或日益成为社会的附庸？问题当然并非非此即彼的两个极端，那么能否在两者之间寻求一个最佳结合点，既使高等教育能保持其"最后的学术及道德尊严"，又满足社会及教育消费者的现实需要？所有这些疑问也是中国高等教育转型时期质量判断所不容回避的问题及所面临的困境之一。

（5）高等教育质量评判可否等量代换

在区分高校的办学质量的过程中，因为质量是非直观的，于是派生出了一系列较为直观的量的符号（诸如高校的招生分数线、毕业生就业率、教师科研经费、论文数量、职称级别等）来衡量高校的办学质量。这里，量的符号代替甚至行使了质的"本能"，人们很容易将北京大学、清华大学等一流高校与国内其他普通高校区分开来，但对于后者的进一步甄别却往往力不从心。这恰是因为非等量代换或不等价替代干扰和混淆了我们的视听。显然，当一所高校在质量的上述符号因素（声誉、论文数量、科研成果、招生分数线、就业率等）明显处于劣势（或并不突出）的情况下，一种极有可能发生的现象就是以校园环境、学校占地面积、图书资料拥有量甚至生活舒适度等指标取而代之（我们姑且称之为"非同一性的等量代换"）。于是，在后述指标的参与下，也会产生相对令人满意或次优质的高校评价结果，社会也会因之而比较认可。而在质量评判中非同一性的等量代换或同一性的非等量代换都可能误导民众的教育消费，进而给高等教育质量的持续发展带来损失。

3. 我国高等教育评价存在的主要问题

（1）评价指标的凝固性

我国高等教育评价往往是用严谨的公式化表述评价指标，很少考虑评价指标的合理性。这自然暗含着预定指标是绝对无误的，无须再科学论证。评价指标一旦被确定，就构成了一种在教育与评价过程中起决定作用的计划，在任何情况下都无须点滴改进，高等教育的功效在于向既定指标运动，最终完全切合指标的要求。评价指标的这种凝固性，难以追随社会需要的变化，实现时空上的超越。它直接导致的弊端是：其一，行为目标的局限性。事先确定过于零碎的评价指标不符合教育教学的规律，教育活动被评价指标所束缚，无法施展个性，僵化了生动复杂的教育教学过程，忽视了教育教学内容的多样性及方法的艺术性。其二，由于高等教育评价的对象大多是抽象的工作状态或人的发展水平，其中包含着难以直接感知的内容，所以高等教育产生的效果往往不全是评价指标所能预料和覆盖的，这必然导致高等教育的内涵及产生的某些效果不全在评价之列。但我国的高等教育评价片面追求评价体系的可测性，过分注重对指标的定量分析，为了追求数量化信息，就直接地把各种状态赋值，进行"二次量化"。这带来了两个问题，一是过分强调指标体系的可测，忽视或放弃了许多抽象层次高、找不到典型价值事实或无法用具体行为涵盖的评价对象，而这些方面恰恰是比较原则、具有指导意义的，忽视它们，在实践中就会产生只顾具体行为指标，而忽视内在素质和整体水平的提高。二是各个指标的价值标准和程度范围的不同造成分数之间的不等距性；评价者的水平差异和标准不一，也造成分数之间的不等价性。这些均会导致教育评价结果失真。

（2）评价主体的单一性

我国高等教育评价是以行政管理为目的，客观上妨碍了其他价值主体的参与。尽管我国高等教育评价的组织形式在一定程度上采用了"官民结合"的做法，但评价主体实质上就是教育行政部门，由于受其地位、权威的影响，评价人员的主体性难以发挥。这种单一的评价主体在评价目的上往往是为满足评价者对被评者的鉴定排序而开展评价工作，而不是为了教育增值的目的。另外，社会评价，一般是指用人单位和学生个人的评价，由教育行政部门所进行的高等教育办学效益和人才质量评价，往往忽视了社会对人才质量检验的权威作用。

（3）评价模式的封闭性

我国高等教育评价模式的基本思路是：根据评价对象确定评价目标，进行指标分解，界定具体行为并规定分等标准—分配权重或赋以分值—用评价标准对被评者做出判断—加权求和得出评价结果。评价方案本身不涉及价值取向，也不管被评者的价值取向如何，把被评者的行为限定在既定的指标体系所规定的范围内并加以强化，并且内容的表述上似乎只局限于指标量化形式，难以发挥教育评价的诊断功能和激励功能。具体体现在：

①价值标准固定化和行为化，难以反映评价对象的全面价值。按"指标——量化"模式进行评价，只能对尚未达到基本标准的教育活动起导向、激励和评鉴作用，而对那些基本达到评价方案所规定的价值标准的评价对象，则很难反映其真正的全面价值和特色。

②评价方案程序化，难以反映评价对象的个性。评价的对象是多种多样的，因而高等教育评价也是一项个性化很强的实践活动。我国高等教育评价在实际评价过程中，往往把一种模式简单地照搬到各个领域的各种对象上，不管它们是否具有统一的价值标准，也不管是否达到基本要求，一律按一种思路研制评价方案，这样就造成了评价目的模糊、评价思路僵化、评价结果不敏感等弊端。

③强调评价的客观化，评价对象难以真正参与。教育是一种复杂的社会现象，由于大量的人为因素的存在，任何教育活动都无法用固定的模式去评价与控制。然而，"指标——量化"模式强调精确，要求评价者与被评者保持一定的距离以确保评价的客观，再者，我国的高等教育评价一般是自上而下进行的，体现了上级对下级的检查与督导，因而评价者很难真正站在被评者的立场上，深入到被评者之中，搜集大量的第一手感性资料。正因为如此，这种高等教育评价很难得到评价对象的真正拥护与参与。

④刻意追求量化测定，评价信息难以有效地反映评价对象的本质特

征。比如，某高等学校教学工作评价指标中有一个二级指标"师资队伍"，而且是作为"教学条件"这个一级指标的具体化列出的。其评价指标的"A级标准"是这样制定的：主讲教师中高级职称占比例 >50%；高级职称中任课教师的比例 >50%；主要基础课及技术基础课教师参加科研所占比例 >40%；主讲教师中青年教师所占比例 ≥30%；青年教师中任课教师（不含指导毕业设计）的比例 >50%。就这一标准本身而言，除某些资料还有待推敲外，无疑是有道理的，但似乎并没有抓住问题的本质。师资队伍的强弱，整体素质的好坏，根本因素在于聘什么人做教师。刻意追求指标的量化测定似乎很科学，实际上这是一种误解。教育评价是否科学并不在于所提供的信息是定性还是定量的，而在于信息是否准确地反映了事物的本质特征。

（4）价值取向的收敛性

我国高等教育评价的组织者在制订评价方案时，往往以教育行政管理文件为依据，按自身的教育价值观及其价值取向设置评估标准，不考虑多重主体的价值取向，以致高等教育评价隶属为教育行政管理的工具。这样，高等教育评价实际上只能评价教育活动有关部分及其狭窄的领域，而且在许多情况下这种评价结果被视为高等学校整体水平的代表。因此，越来越多的学校为了得到能在外观上反映出来的更为理想的评价结果，甚至不惜牺牲有助于学校和学生发展的活动，而只将教学与学习限制在狭小范围之内。

4.高等教育的公平与效率问题

当前，我国高等教育无论是从起点、过程之中，还是从结果上都是不公平的。举个例子来说，我们都盼望进入高等学府，可是不是所有的人都可以进入的。高等学府的门槛高，不单单是出类拔萃的成绩，还有高额的费用，这是一般家庭所支付不起的。因此，有句话广泛传播在民间，"考得起好学校，念不起好材料"。效率与公平问题正在吸引大众的眼球。如果处理不好这个问题，必然会给高等教育的发展带来空前的挑战。此外，目前对公平与效率谁是主导地位还没有一个确定的结论，这也将影响高等教育的平衡发展。

（1）高等教育公平的内涵与现状

所谓"公平"指的是公正和平等。高等教育公平是指无论社会阶层、性别、背景等如何，只要达到了接受高等教育的条件与标准，都能够进入大学接受高等教育。如果一个人达到了接受高等教育的标准，但就是因为其中的一些因素而无法进入校门，这就形成了教育的不公平。我国在19世纪末期才出现具有现代意义的高等教育，在这一百多年中取得了快速的发展。尤其是1978年改革开放以后，随着社会的进步及经济发展，我国高等教育步入前所未有的发展轨道，取得了长远的进步。进入21世纪后，我国高等教育则实现了重要的转变：由"精英化"阶段向"大众化"阶段转变。在巨大成就面前，我们也不能忽视我国高等教育存在的问题。

①高等教育公平的内涵

所谓公平是指公正和平等，指以一定的价值规范对人们的权利或财产在性质上和数量上平等状况的推断。高等教育公平一般包括高等教育权利平等和高等教育机会均等两个基本点，还可以进一步区分为进入机会公平、过程公平、结果公平、拥有或享受质量的公平、选择公平等。

a.高等教育机会均等。瑞典教育家 T．胡森认为，就个体而言，"平等"有三种含义：第一，起点平等。指每个人都有接受教育和学习生活的机会。第二，过程平等。即在教育过程中个体受到平等的对待。第三，结构均等。[①]这种均等指向最终的学习结果和目标，即学生获得学业成功的机会均等。教育机会均等是全世界所有国家和所有与教育有关的人最关心的问题，是教育平等、教育民主化的核心内容。

b.高等教育权利平等。教育权利即公民的受教育权利。教育上的平等权利是政治经济领域的平等理念在教育领域的延伸。接受高等教育的权利平等，即每个人不论其民族、性别、家庭出身和宗教信仰如何都享有平等地接受高等教育的权力。

②高等教育公平的现状

法国著名学者莫里斯·迪韦尔热说：社会结构的第一个要素是不平等。[②]作为社会结构和功能的有机组成部分，人们都希望高等教育实现从入学、教育过程到教育结构全方位的平等，并以此作为对不平等社会

---

①　胡森．社会环境与学业成就 [M].张人杰译．昆明：云南教育出版社，1991.

②　莫里斯迪韦尔热．政治社会学 政治学要素 [M].杨祖功，王大东译．北京：东方出版社，2007.

制度的弥补。现阶段我国还处于发展中国家的行列，没有充分的资金全面支持高等教育，不可能做到全国经济扶持一视同仁。我国高等教育公平的问题很突出，存在着很多的问题，"精英教育"的路线在提升中国教育世界竞争力的同时加剧了教育领域内部资源的失衡，加剧了教育差距，这已然成为当前中国高等教育不公平问题中的致命伤。我国高等教育公平的问题亟待解决。

（2）我国高等教育公平存在的问题

①地区差异造成高等教育机会不均等。全国各地区的经济发展不同，高校建设的水平也不相同。我国几个经济、文化较发达的城市集中了全国绝大多数名牌高校，而西部边远少数民族地区的高校则稀少。而无论是从地域型还是受益型的高等教育发展规模看，我国经济发达地区与落后地区之间的绝对差异不仅没有缩小，反而呈明显扩大趋势。地区的差异造成了高校录取分数的巨大差异。经济发达的地区更愿意为本地的学校投资，那里的大学发展有更多的机会，而经济不发达地区的大学通常无法获得足够的投入，在全国性高等教育市场竞争中处于非常不利的地位。不管经济发展水平如何，在同一地区内部，由于存在高等教育的严格分类，这些高校之间的教育机会问题也存在差异。

②经济阶层不同造成高等教育机会不均等。一般家庭经济状况对高等教育入学机会关系的分析集中于两个方面。一方面，经济因素对就学机会的影响，在一定的分数以上，考生的综合素质也是决定是否被学校或特定专业录取的重要原因，城镇、干部家庭背景的考生具有相对较好

的初等教育，在体能训练和特长训练上都有优势。在报考志愿上也存在着不公平的现象，城镇考生在相对丰富的信息来源上有很大的优势，而农村考生缺乏这方面的信息，不能很好地掌握报考信息，导致盲目选择学校和专业。而且农村考生及家长有一定的刻板印象，对专业选择有一定倾向性。不同阶层的子女受教育的程度不同，对高校和专业的选择也不相同，高收入家庭的子女在专业选择上一般倾向于经济、法律、管理、艺术等专业，而低收入家庭的子女一般选择农业、林业、矿业、教育等专业。这就在专业选择上造成了一定的差异，形成了不均等的现象。而且很大程度上阻碍了学生自身优势的发挥及潜能的发掘。另一方面，从高等教育投资回报率的角度上来看，理论上说回报率高的高等教育类型可能吸引更多的学生，但问题是个人教育投入较低的专业一般其收益也不高。对于经济条件一般而急于上大学的学生来说，费用相对便宜的高等教育类型会更吸引他们。

③就业性别倾向造成高等教育机会不均等。在男性、女性就学领域上看，女性学生一般选择人文、教育、艺术、健康相关的学科等，而且，这些专业的女生比例呈上升趋势，男生则集中在社会科学和自然科学与工程相关的学科。这种专业选择上的差异造成了就业机会的不均等，不同的专业造就了不同的就业机会。高校毕业生的就业机会不均等的现象有史以来就有，高校的层次不同、地域不同，造成了毕业生就业层次不同、收入不同。而且在专业选择上也存在着性别差异。根据就业单位对性别的要求，高校学生会选择有利于自己性别的专业，增加就业机会。这在

很大程度上造成了高等教育机会不均等现象。

④公办、民办高校招生机会不均等。民办高等教育已经成为我国高等教育的重要组成部分和高等教育大众化的重要推动力量。民办高校与公办高校存在着一定的差异，不论从社会舆论，还是从社会地位上来看，民办高校都不同程度地存在着自己的劣势。因此二者在招生上也存在着一定的差异，不同分数的学生选择不同层次的高校。一般低于公办高校录取分数的学生会考虑民办高校，这样在生源上就造成了公办、民办高校的差异，不同层次的分数形成不同层次高校的学生，这在入学机会上是不均等的，对民办高校的发展也是没有好处的。

（3）我国高等教育不公平的根源

①高等教育制度根源。招生考试制度影响高等教育公平。我国现行的高考制度，尽管在形式上具备公平的特征，即分数面前人人平等，然而由于各省市区域的录取比例不是按照考生数量分布来划定的，各地录取分数线存在很大的差异。

②高等教育投资力度不够。至今为止，我国整个教育投入在 GDP 所占的比重只有百分之三点多，低于世界平均水平的 5%。而高等教育又是教育的高级阶段，国家近年来虽然给予了大力扶持，但整体上还是投资力度不够，并且呈现出两极分化的局面。从发展过程看，我国高等教育投入不足和不公直接影响着地方院校，特别是欠发达地区高校的发展。

③经济发展不平衡。我国经济发展的不平衡影响高等教育公平。我国经济存在城乡和区域经济发展不平衡现象。城乡经济发展不平衡，体

现在城乡居民收入的巨大差距上，这就决定了农村对教育的投资量远远低于城市，导致农村学生接受高等教育的机会也远远低于城市学生。各地区的经济差距导致各地区对教育经费拨款的金额存在很大差距，这无疑又会扩大各地区学生受教育机会的不公平。

④社会方面的原因。不同社会阶层的人具有不同的价值观念和文化素养，他们的价值观、人生观直接影响到对子女的教育观念。如果父母受过高等教育，则更期望子女也能接受高等教育，来自经济条件较好家庭的学生在学习条件、学习资源等方面拥有先天的优势，他们在起点上领先于那些来自经济条件较差的家庭的学生。

5. 高等教育自身的道德与科学精神问题

（1）教育工作者方面（当然不是所有，不是特指，是客观的观点与问题）

许多高校现在学生成绩造假和学术腐败问题日益严峻。而这一问题所折射出的正是学术道德水平的下降和学术风范的缺失。这种负面作用必定直接影响到在校学生本身，更严重的将会影响这个社会的道德发展。另外，近几年高等教育自身也出现了一些背离科学精神的做法，如过于频繁的各种评审、评优与评奖；过于量化的各种指标评价体系等。这些带有较强行政主导色彩和功利驱动背景的做法催生了学术浮躁和急功近利，弱化了学术道德与科学精神。

（2）学生本身

现在有许多的大学生思想品德教育接受能力与水平不是很高，越来越多的学生追求刺激与享受，不顾社会道德与风尚。比如，校园恋爱随处可见对于一个成年人，我们没有限制其恋爱的权利，可很多恋爱不是真正意义上的爱情，而是填补大学空闲寂寞之余的一种方式而已，这致使许多大学生荒废学业，浪费时间和金钱。又比如，校园暴力事件层出不穷，学生思想道德水平不断下降，法律意识淡薄，综合素质不高，不但影响学生的身心健康，还在社会上造成不良影响。

第三节　中国当代高等教育发展对策

一、当代高等教育结构与体制问题的治理策略

1. 优化高等教育结构，促进和谐发展的对策

高等教育结构的调整与优化是一个从失衡状态转向平衡，进而过渡到和谐状态的动态过程，不可能一蹴而就。要根据经济建设和社会发展的需要，适时调整，创造合理有序的竞争环境，使国民相对公平地参与我国高等教育的大众化进程。

（1）优化布局结构，促进高等教育均衡发展

要改变高校布局结构不合理的局面，政府要制定相应的法规和政策，确保高等学校布局适应国家重大战略的调整。高校布局的调整与现阶段国家西部开发等重大战略的调整相适应，国家在新建高校、学科布点和扩大高校办学规模等方面，应对中西部落后地区实施重点扶持政策。同

时，支持发展以本地区生源为主和适应当地经济社会发展需要的高等学校或学科专业。其次，在国家统筹协调的基础上，各地区应坚持走内涵式发展道路，促进本地区高校布局调整。采取宽进严出的办法，努力扩大中西部落后地区高校的生源，培养适应中西部地区经济和社会发展所需的人才。最后，国家要建立东部及沿海发达地区高校对口支援中西部落后地区高校的管道和机制，积极创造条件，为中西部落后地区高校教师提供多层次、多渠道的培训、交流和再教育机会，尽快提高中西部落后地区教师的教学和科研水平。

（2）优化层次结构，满足社会对不同层次人才的需求

从目前高等教育的基础、毕业生就业和产业结构变化的需要来看，各层次教育结构的调整基本思路应注意以下方面：稳定博士研究生增长的速度，适度扩大硕士研究生招生比例，着重发展面向社会急需的应用类专业硕士，适度增加本科层次招生，扩大社会急需专业的招生比例；稳定专科层次的规模，重在培养各类高级职业技术（高技能）人才。

（3）优化学科专业结构，适应和推动社会经济发展

我国高等教育学科专业结构的优化，首先，要适应我国产业结构、技术结构及其对人才结构要求的变化，满足我国经济社会发展对基础科学人才、应用性和技术（职业）人才等各类专业人才的需要。其次，要以综合化为基础，合并相近专业，创建交叉型、边缘型专业，培养跨学科的复合型人才。最后，要增强专业结构调整的超前性、预见性。专业调整应以市场为导向，从不同类型、不同层次、不同条件的学校的实

际出发，做出正确选择。总的来看，基础学科专业人才的培养要精要强，努力保证新兴学科和国民经济建设急需专业的发展，适当提高和扩大应用类人才培养的层次和规模，扩大各类技术（职业）性人才的培养规模，关停并转重复性、陈旧性、缺乏市场需求的专业。

（4）优化形式结构，适度发展非普通高等教育

近年来的高等教育大发展主要集中在普通高等学校规模扩展上，其他类型的高等教育增长幅度较小。从目前普通高等学校规模膨胀造成的办学条件压力、大学毕业生就业压力及贫困大学生比例增大的压力等因素看，适当加大各类非普通高等教育增长的比例，使更多的人有通过非普通高等学校获得接受高等教育的机会，是比较适当的选择。各类成人高等教育发展的潜力也远远大于普通高等教育，因此，形式结构的优化在高等教育进一步发展和整个高等教育结构的优化中显得比较重要。国家应当在稳步发展普通高等教育规模的同时，适度加大非普通高等教育发展的力度，特别是要利用现代信息网络技术，发展远程高等教育，支持包括中外合作办学在内的各种合作办学形式的发展，充分利用社会办学资源和国外办学资源，调动相关主体的办学积极性。

二、改革我国传统高等教育评价的策略

1. 观念上，相对突出以教育发展为本的价值取向

高等教育评价的价值取向，在今后一段时期应当是在满足高等教育发展需要的程度与水平上有所提高。或者说，在对高等教育评价作用的

认识上，相对突出以教育为本的价值取向。以教育发展为本的价值取向可以表述为这样一些理念：

（1）强调高等教育自身的可持续发展

高等教育评价促进高等教育的可持续发展，意味着形成性评价将进一步强化，发展性评价将成为主流；高等教育评价更多地体现高等教育自身的利益；高等教育的发展将消除各种利益关系的障碍，展示自身的本质和品位，成为社会政治经济发展的原动力。

（2）帮助高等学校做得更好，并以此为目的，以此为内容

高等教育评价以高等学校的可持续发展为评价对象和内容，那么现代意义上的学校发展意味着什么呢？费朗索瓦·佩鲁在《新发展观》中指出，发展"既指发展的活动，又意味着结果的状态。发展不仅是数量的增加，规模的扩大，还内在地包含着质量的提升和结构的优化"。[①]从新发展观的视野来看，高等学校的发展不仅包含规模的扩大、办学条件的改善、师资队伍建设水平的提高，而且更包含高等学校适应性增强，更意味着资源结构的优化，办学效益的提高。应该说，高等学校适应性增强、资源结构的优化、办学效益的提高是更重要的发展。

2.体制上，对高等教育评价主体进行结构性调整

对高等教育评价的主体进行结构性调整，就是要改变评价主体的单一性，逐渐扩大评价主体的范围，变单一的官方结构为教育界、知识界和用人单位广泛参与、多方介入的多主体结构。

---

① 佩鲁.新发展观[M].张宁，丰子义译.北京：华夏出版社，1987.

（1）重新定位政府行为的角色

政府行为的角色应实现由集权模式到指导模式的转变。首先，要有意识地培育、鼓励各学术团体、专业协会、民间组织的评价活动，促进社会评价的繁荣。其次，政府在评价中要尊重学校、教师意见，共同设立评价指标体系，听取其对评价工作和评价结论的意见，充分调动学校内部评价主体参与评价的积极性。最后，规范自身行为，选择评价重点，做好评价服务。政府应规范自身评价行为，建立自我约束、自我完善机制，提高政府评价的科学性和高效率。政府评价行为的重点在于建立各类评价团体或机构的评价认证制度，组建评价协会，对各评价主体进行指导、监督；制定明确的评价政策，包括物质、精神等方面的鼓励和支持，以调动评价主体积极性，保证高等教育评价持久开展；制定高等教育评价法规，确立或确保各类外部质量保障机构的性质、权利、义务、责任，规定各类机构的资金、人员等来源，使高等教育外部质量保障活动走上规范化的轨道；搞好评价信息管理和服务工作，加强政府部门、高等学校各层次各类评价组织相互交流；在评价立项筹划、元评价和利用评价结果等方面发挥自己的作用。

（2）对高等教育评价主体进行结构性调整，从外部评价来说就是要建立中介性教育评价组织

建立教育评价的社会中介组织，开展中介性高等教育评价，是我国高等教育评价走向社会化、民主化、制度化的内在要求，也是促进我国教育管理体制改革走向深入的一项重要举措。国外对教育评价中介组织

的意义的认识，主要体现在把教育评价中介组织置于政府与高等学校，或社会与高等学校的利益冲突中。伯顿·克拉克曾经从高等教育系统与国家学术权威整合的角度论述了介于国家和高等学校之间的中介组织的作用。他指出："一个国家高教系统可以主要由学术权威担任协调，不管协调的好坏，而不是通过国家官僚的命令或市场型相互作用。"[①] 中介性的高等教育评价既不同于政府，又不是高等学校自身，它们处于一种相对超脱的状态，可站在"政府之外"，较冷静地思考政府对于高等教育质量需求的合理性，以"旁观者"的角度看清政府在反映社会需求方面的某些保守性、滞后性；又能以超然的眼光看待高等学校的各种需求，理解高等学校的价值取向与政府的价值取向之间的矛盾与统一，从而更好地在评价中协调政府与高等学校的价值需求，使高等教育评价更加客观公正。

（3）对高等教育评价主体进行结构性调整，从内部评价来说就是要积极构建相对独立的高等学校内部的评价主体

高等学校不仅是评价的客体（对象），也是评价的主体，是高等教育评价的基础。因为，高等学校评价的客体可以是学校、专业、课程或教学等，实质上就是从事该方面具体工作的群体和个人。他们是在整个高等教育评价活动中具有主观能动性的被评客体，因而集主体和客体于一身，是高等学校内部的评价主体。从世界范围来看，由于高等教育体制的逐渐转变，当今世界各国越来越重视高等学校的内部自我评价。例

---

① 伯顿·克拉克.高等教育系统 [M].杭州：杭州大学出版社，1989.

如，美国高等学校广泛开展的内部自我评价，已成为美国高等教育发展的一种潜在动力。一方面，重视内部自我评价反映了教育评价过程中被评对象的主动意识，把内部自我评价看成评价活动的一个重要环节，这样能够促进评价者和被评对象之间不断对话，求大同存小异，使评价结论尽可能客观、科学。另一方面，重视内部自我评价也就是重视形成性评价。教育过程既然是一个不断发展的过程，在这个充满矛盾的过程中，要想使学校组织顺利发展，必须不断解决这些矛盾。然而，单靠外部教育评价起推动作用周期太长，因而高等学校内部必须形成自己的评价组织，不断进行自我评价，及时解决出现的问题。高等学校内部自我评价，既可以促进本校更好地发展，又为外部总结性教育评价提供基础。

3. 活动上，开展发展性高等学校评价

套用林肯"民有、民治、民享"的观点，发展性高等学校评价应该是评价权力在学校（of the school）、评价主体是学校（by the school）、评价目的为学校（forth school）的评价。在学校自评和外部他评的关系上，发展性高等学校评价以学校自评为主，外部他评为辅。高等学校是发展的主体，就应该而且必须是评价的主体，只有当高等学校发展的自我保障机制建立、完善并运转起来，高等学校自觉加强并持续地成功自评和调整以后，才标志着高等学校主体地位的真正确立。在评价学校过去、现在和未来的关系上，发展性高等学校不是简单地鉴定过去的发展成绩，判断现在的发展水平，而要注重梳理从过去到现在的发展历程，总结经验教训；分析现在的发展状况和优劣，及时做出调整；根本目的在于促成高等学校未来的特色化、可持续发展。在纵向比较和横向比较的关系上，发展性高等学校评价以个体内差异评价为主，注重高等学校的进步幅度和"增值"大小，而不主张无条件地进行高等学校之间的横向比较。在指标评价和非指标评价的关系上，发展性高等学校评价以非指标评价为主。与指标相比，作为价值标准呈现的另一重要方式，非指标化的概括性问题，更具个性、针对性，效度更高，建设性更强，因而非指标的高等学校自评，其科学、合理、有效的过程往往比结论更重要。在综合评价和专项评价的关系上，发展性高等学校评价以针对发展重点的专项评价为主。高等学校的发展总是非均衡的，每一个发展阶段都会有其主要发展目标和相对突出的主要矛盾，发展性高等学校评价要及时地有针对性进行评价，以促进高等学校更好地发展。另外，由于高等学校发展是连续变量，因此发展性高等学校评价必须是始终相伴的连续不断的过程，而不是周期性地进行总结性评价；由于发展性高等教育评价建设性的要求，教育评价活动重在提出高等学校改革和发展的建设性意见和建议，而不是停留在对高等学校的发展成效做出评判。

4.机制上，重视和开展高等教育评价的元评价

高等教育评价的元评价（Meta-evaluation）是提高高等教育评价质量的重要机制。主要原因有以下几点：

（1）任何权力都必须受到必要的制约

目前我国高等教育的主办者和投资者主要是国家及其各级教育行政部门，作为评价主体，他们可以组织大规模的教育评价工作，具有较高

的权威性和较强的控制性，而评价客体对评价主体却基本上没有制约作用，即是说，评价主体实际上处于一种不受制约或基本上不受监督的地位。另外，我国的高等教育评价的程序中确实缺少对评价主体必要的制约与监督机制。因此，对高等教育评价进行元评价，是建立这种制约机制的重要方法之一。

（2）高等教育评价不可避免地存在误差

由于受认识水平和认识手段的限制，人们在对高等教育进行评价时难免出现误差，这种误差的实质是评价结果不能真实地反映评价主体的价值观念与价值标准，因此得到的评价结论不够客观、不够准确，从而会影响教育决策。因此，要减少评价误差，提高评价的质量，就必须首先对误差的大小及其产生的原因进行分析和判断，即需要对高等教育评价本身进行价值判断。

三、促进高等教育公平的对策

1. 大力发展区域经济，扩大不同层次高校的覆盖面积

经济的发展是教育发展的前提，大力发展经济是引导教育发展的强大动力。一方面，对于重点高校覆盖面比较集中的现象，我国必须调整重点大学的地域限制，让重点院校走进偏远地区，或者扩大重点院校偏远地域的招生名额。总之应该在原有的基础上解决重点高校分布不均的问题，重点高校不应该仅仅集中在较发达的地区，也应该设立在经济相对落后的偏远地区，促进各地区高校的共同繁荣。另一方面，应该均衡

国家对各地区的教育投入，"211""985"院校的生源较好，重点研究项目较多，国家投入的资金相对较多，普通院校的教育资金供给较少，因此跟不上教学需要，这样就会造成"马太现象"。因此，国家在均衡各地区教育资金支持比重的同时也应该大力扶持各地区经济发展，使区域经济也能扶持本地区的高校开支，双管齐下，促进高等教育公平。

2. 大力扶持贫困家庭，促进低收入家庭子女受教育机会均等

随着重点高校农村学生比例逐渐下降，可以看出不同阶层的子女在受教育过程中的机会是不均等的。对此，国家应在以下两个方面进行努力：

（1）为低收入家庭子女提供经济扶持

对于偏远山区有进入高校学习权利的学生来说，上哪所大学选什么专业不是重中之重，他们选择学校和专业参考的是学费的多少。低收入家庭子女选择继续接受高等教育的机会是渺茫的，在没有资金支持的情况下很难顺利进入高校学习的。因此，国家应该加强对低收入家庭子女提供经济扶持。

（2）扩大重点高校录取范围

重点大学的入学机会看似均等，但实际上存在着地域差异，经济发达地区的学生进入重点大学的机会较高些，而经济相对落后地区学生进入重点高校、重点专业的机会较小，国家应该对这部分学生提供一定的优惠待遇，使他们进入重点大学的机会与经济发达地区学生的机会相当。在报考和入学两方面加强我国高等教育的公平。

3. 大力加强对用人单位招聘制度的监管

由于某些高校某些专业对性别的特殊要求，导致男、女生选择高校和专业的机会不平等，在就业方面也造成了差异。用人单位的某些岗位设置为仅招聘男性，女性的就业机会就大大缩小，正是性别上的从业差异导致了选择专业的性别差异。正如前文所说，女生一般选择人文、教育、艺术、健康相关的学科等，而且，选择这些专业的女生比例呈上升趋势，男生则集中在社会科学、自然科学和与工程相关的学科。这就是其就业机会不均等的原因。其实这种陈腐的观念不应该传承下去，女生不一定就适合安稳、轻松的工作，具有挑战性的工作女生一样可以胜任，只是内心的刻板印象在作怪。男生也可以选择教育或艺术专业，弥补男性教师稀缺的现象。因此，国家应该对用人单位这样性别歧视的现象进行大力监管，对用人单位的招聘条件予以限制和规定。

4. 大力均衡公办、民办高校学生来源

目前我国民办大学在高等教育大众化进程中发挥积极的作用，但这些学校受到许多政策上的限制。比如，国家不承认大多数民办大学的学历；不纳入高等学校招生计划；毕业后不能进入国家机关和国有企业就业；坐火车不能享受半价待遇等。国家应该均衡民办高校和公办高校入学机会，民办高校不应该仅仅接收公办高校的落榜生，国家应该给予扶持政策，对民办、公办高校一视同仁，在政策、制度、资金等方面都做出相应调整。

第四节　中国当代高等教育未来发展趋势

一、高等教育多样化

多样化作为当今我国高等教育改革和发展的主要方向，反映在从高等教育体制、管理到大学办学、教育的各个领域，体现为大学体系的层次化、办学模式的特色化、办学主体的多元化、办学形式的多样化、质量标准的多重化。实行分类办学，促进高校多样化发展，是 21 世纪中国高等教育的必然走向。

1.我国当前社会的多样化，为高等教育的多样化发展提供了坚实的基础

（1）社会需求的多样化

这些年，我国经济经历了快速发展，综合国力得到极大提高，产业结构取得了实质性的进展，所有制结构也从单一性向多样化演变，经济结构和社会结构发生了深刻的变化。这些变化使得社会对高级人才的需求呈现多样化的特点，原来单一模式培养的人才已不能满足社会发展的需要。

（2）学习需求的多样化

随着高中阶段普及率的提高，高中入学人数不断增加，接受高等教育的人口基数不断扩大。由于人们在学习动机、学习意识、学习态度、

学习目标及个性、智力、能力等方面表现出来的千差万别，因此多样化的高等教育才能满足不同需求的学习者的需要。

（3）投资渠道的多样化

我国适龄学习人数不断增加，有限的教育资源已不能满足人民群众日益增长的接受高等教育的需求。这就需要我们不断地扩大优质高等教育资源的供给，只有通过发展多样化的高等教育、多渠道的资金筹措，才能实现高等教育的大众化。

2. 多样化是高等教育发展的必由之路

中国高等教育多样化方面也有较大发展，从而有力地推动了大众化的历史进程。

（1）办学主体多元化

经过近几年办学体制的改革，我国高等学校的单一的政府办学体制已发展为"一主多元"的办学体制，即以国家办学为主，积极发展民办高等教育、私人办教育、企业办教育、公民合作办学、公立高校转制、中外合作办学等。

（2）办学形式多样化

目前，我国既有公立普通高等学校、成人高等学校，又有民办高等学校、高等教育自学考试、高职高专等。

（3）培养目标多向化

培养目标是一个具有多层结构的系统。按高等学校组织结构分，有学校培养目标、院系培养目标、学科专业培养目标。按学历层次分，有专科教育培养目标、本科教育培养目标、研究生教育培养目标。培养目标的多向化，必然导致高校人才培养模式的多样化。

（4）质量标准的多重性

社会需求、学校类型、学科门类、学生个性的多样性，这些都决定了教育质量标准的多样性。为此，我们要根据不同类型学校不同的培养目标，制定出多种质量标准，既要有整体性质量观，又要有满足个人需求的质量观；既要有学术型人才质量观，又要有应用型人才质量观，树立多样化的高等教育质量观，引导高等学校的多样化发展，从而全面推进高等教育大众化和现代化。

3.努力促进高等教育的多样化发展

实现高等教育的多样化，这是当前以及今后我国高等教育改革和发展的必然走向。

（1）确立先进的教育观念

在多样化发展的今天，高等教育的统一质量评价观念已不能适应新的发展形势，因此，我们必须彻底解放思想，切实更新观念，树立与多样化发展相适应的多重质量观。为此，要对各级各类高校进行科学分类，确立不同质量标准。高校应坚持正确的质量观，找准自己的位置，按照不同的类型的优势，办出自己的特色和水平。

（2）主动调整高等教育结构

高等教育要注重专业结构、层次结构、区域结构等的调整和优化。学校类型的调整，应合理配置综合性大学、多科性大学、单科性院校，注重营造多学科融会的学术环境，加强校际合作办学，以实现资源共享，优势互补，共同发展；学校层次结构的调整，创办少数一流大学，大力发展高等教育；学校地区结构的调整，既有为全国服务的大学，又有为地区服务的大学，要加强西部高等教育发展，实现高等教育均衡化。

（3）加强监控力度，完善评估体系

国家应建立教育质量认证制度，健全各个层次和各种类型高等学校的教育质量评估标准，确保高等教育质量。高校要重视教育质量的全过程监控和评价，建立教学质量信息体系和教学质量督导体系，确立科学的教学质量评估考核项目及指标。通过有效的质量监控管理，促进高等教育多样化的健康发展。

二、高等教育大众化

高等教育大众化，是一个国家或地区社会经济、文化发展的必然产物，是社会现代化的重要标志，也是高等教育现代化的基本内容之一。高等教育大众化，是指一个地区、国家的高等教育系统为所有适龄青年提供的一种高等教育的普及程度。高等教育大众化是一种全新的高等教育发展观念，也是实现高等教育现代化的一个发展过程与发展趋势。

1.实现高等教育新跨越的战略机遇

面向 21 世纪，中国高等教育正在迎来实现新跨越的新机遇。高等教育大众化，中国正以其适度的速度与大众化发展模式，不断向前推进。

（1）社会经济发展的巨大需求，是高等教育实现新跨越的动力基础一方面，随着经济结构的深刻变革和经济增长方式转移到依靠科技进步和提高劳动者素质上来，随着新型工业化之路越走越宽广，经济发展对专门人才特别是高层次创造性人才的需求会越来越迫切。另一方面，社会对高等教育的需求仍在强劲增长，要求高等教育规模持续发展。这些强大的需求，为推动高等教育实现新的跨越注入了新的活力。

（2）国际经济、科技、教育的竞争态势，要求实现高等教育的新跨越

面对知识经济的革命性变革，世界各国都把目光聚焦到人才、科技和教育的竞争上，都加大了对科技、教育的投入，实施了一系列推进科技、教育创新的重大政策措施，努力巩固和扩大已经拥有的优势地位，为自己的国家赢得更大的战略主动地位。面对这种形势，科技、教育都仍然处于落后地位的我国，如果只是按照常规模式按部就班地发展，那就会继续扩大已有的差距，就有永远落后于发达国家的危险。

（3）创新型国家建设的战略使命，亟须推进高等教育改革创新

创新型国家战略目标的实现，科技创新和自主创新是关键。高等学校在创新型国家建设中，居于核心地位，发挥着关键作用。世界发达国家的经验证明，高等教育的跨越式发展是实施国民经济和社会跨越的先导。工业革命之后英国迅速成为当时最强大的国家，与此同时，一场高等教育的革命在英国发生，牛津大学、剑桥大学等一批高等学校迅速发展。19世纪后期德国迅速崛起，而洪堡大学的理念，即从原来牛津大学、剑桥大学那种以教学为主的一个中心的理念变成了教学科研两个中心的理念，推动了德国高等教育的发展，推动着德国的迅速崛起。

2. 推进高等教育大众化的战略谋划

进入 21 世纪以来，我们已经形成高等教育的多层次结构和多样化发展的格局。因此，我们要为高等教育的新跨越注入新的内涵。这个新内涵，关键是要坚定不移地以科学发展观统领高等教育发展全局，一是坚持"巩固、深化、提高、发展"的八字方针；二是正确处理各类高等教育的关系，实现整个高等教育的全面协调发展；三是要坚持高等教育规模、质量、结构、效益内在统一的协调发展，更加重视高等教育的质量提高、结构调整、布局优化，提高高校科技创新和社会服务能力，主动担当创新型国家建设的历史使命。

3. 促进高等教育新发展的战略举措

实现高等教育的跨越式发展，关键在于改革的重大突破；实现高等教育的新跨越，更要依靠结构调整和制度创新。

（1）树立可持续的高等教育发展观，向高等教育普及化目标迈进

我国必须把大力发展高等教育作为提升我国综合竞争力与人力资源总体水平的一项重大战略选择，树立高等教育普及化的宏伟发展目标，进一步把我国建设成为世界高等教育强国。

（2）充分发掘高等教育资源，建立充满生机活力的高等教育体系

随着高等教育大众化时代的来临，要求我们借鉴国际做法，深化投资体制和办学体制改革，通过吸纳社会资金，发展私立高等教育，鼓励校企合作、中外合作办学，兴办二级学院等手段来充分发掘高等教育资源，同时要求推进教学改革，调整高等教育学科专业结构和培养目标，

改进教学方式、教学手段，使高等教育的供给内容、供给方式、供给时间能满足不同人群的多样化需求，从而建立以人的发展为本、充满生机和活力的高等教育体系。

（3）提高高等教育质量与办学效益，积极实施高等教育质量工程

建立与大众化相适应的多元质量标准，构筑国家、社会、高校共同参与的高等教育质量保障机制。当前及今后一段时期，中国高等教育必须坚持科学管理，提高质量，特色发展，为大众化阶段我国高等教育改革与发展指明了方向。

三、高等教育国际化

高等教育国际化，是当今世界各国高等教育的一种发展趋势，是现代高等教育的重要特征和发展理念。伴随世界经济一体化进程的加快，尤其是中国加入世界贸易组织，高等教育作为教育的龙头必将开放其服务市场，国际化趋势日益明显。

1. 世界经济发展的一体化，决定了高等教育发展的国际化

高等教育国际化，是由时代、社会、自然、人与教育大系统的发展趋势所决定的，是高等教育适应世界变化的需要，是实现经济发展战略的需要，是全面深化高等教育自身变革的需要。

2. 大学教育变革与适应的驱动，指明了高等教育国际化发展方向

高等教育国际化，就是高等教育面向世界发展的一种发展理念，是高等教育面向世界各民族和地区，培养国际性优秀人才的一种教育理想。

高等教育国际化，就是要将高教改革和发展置于世界背景之中，积极开展教育国际交流与合作，博采世界各国教育所长，努力推进本国高等教育现代化。

高等教育国际化是高等教育发展的内在要求。而高等教育要适应变化的世界，进一步深化改革，需要学习、借鉴和吸收各国成功的变革经验，以推动高等教育思想、教育方针、手段、目标、课程设计等构成高等教育的物质要素在全球范围的交流与合作。与此同时，各国政府制订高等教育发展计划时，也越来越注重借鉴和吸收别国在高等教育发展过程中积累的经验和先进的教育思想。本着"走出去、请进来"的原则，大学教师、学生和科研人员的国际流动需要不断得到加强。各种具有国际特征的跨国的国际教育机构如国际教育局（IBE）、东南亚教育部长组织（SEAMEO）、联合国教科文组织等，越来越成为国际间高等教育进行交流、合作的舞台。

3.站在全球化角度，构建高等教育的发展战略与发展模式

伴随知识经济时代的到来，经济全球化、信息网络化、科技同步化、环境一体化，许多发达国家和不少发展中国家已越来越清楚地意识到其对本国高等教育发展的意义及构成的挑战，纷纷制定各种战略和策略，以促进本国的大学向着国际化的方向发展。

（1）确立国际化的现代教育理念

大学走向国际化，首先必须以开放的思想，实现培养观念目标的国际化。必须牢固树立高等教育国际化的理念，确立先进的国际教育观、

国际人才观、国际质量观，努力把握高等教育国际化发展的立足点，将高等教育国际化的发展与各个国家社会经济的发展战略相结合，与教育改革的长远规划相结合，创建一批世界一流的大学，引进一批世界一流的教授，攻克一批世界一流的科研课题，建设一支世界一流的教学科研队伍，培育一批世界一流的高级人才。

（2）扩大教育内容的全球化视野

高等教育国际化，其基本的、核心的要素是教育内容的国际化。大学不仅应开设更多关于其他国家和国际问题的课程，而且所有课程应当体现国际观点。课程国际化，必须从教学管理制度上确立国际课程的位置，教学计划的编制技术和课程设置方案设计应当采取国际通行惯例。

（3）拓展利用国际人才学术空间

广泛的国际联系与交流，对大学完成自己所担负的历史使命至关重要。面向知识经济时代，面对越来越多的国际性问题，单靠一国的力量难以解决，开展广泛的国际交流与合作，增强与国际同行的协作开展国际问题研究，实现项目开发与科技攻关的国际化，既能对历史做出及时的回应，确保大学历史使命的完成，又能展示大学的良好社会形象，提升大学的国际地位。

（4）多种类多形式多层次合作办学

根据世界经济一体化、教育发展国际化趋势，各国大学要努力通过采取引进优质教育资源，开拓多类型的合作办学途径，加强高层次国际型人才的合作培养。合作办学可采取与国外某所或多所大学合办，亦可一校或多校联手，亦可由多国提供资金、设备、人员，创办国际性大学，如欧洲高等学校研究院、阿拉伯海湾大学高等教育中的"跨国公司"。还应建立健全高等教育国际交流与合作的法律、章程、规则和制度，高等教育国际化活动才有法可依，有章可循。

第三章　高等教育创新发展理论

第一节　创新教育与高等教育的质量

12世纪中叶，世界上第一批大学于欧洲诞生以来，在数百年的发展过程中，大学曾经被人们比作象牙塔，成为社会精英研究高深学问的殿堂。工业革命至今，高等教育逐步走出了象牙塔，逐渐成为国家经济社会发展的基础，同时成为社会公众接受教育、获取科技知识的重要场所。教育理念、教育方式的创新和高等教育的质量成为社会普遍关注的重大课题。

一、创新教育与提升高等教育的质量是经济社会发展的迫切要求

当今世界，知识越来越成为提高综合国力和国际竞争力的决定性因素，大学在知识传播、知识应用、知识创新和人力资源培养过程中处于核心地位。随着时代的发展，高等教育为国家经济建设和社会发展的服务能力不断增强，在基础研究和高新技术研究及促进科技成果转化方面起到了越来越重要的作用。

二、社会公众普遍关注创新教育与高等教育的质量

中国的大学教育承担着提升中国的人力资源开发水平的重大责任，高含金量的大学文凭越来越成为社会公众实现个人梦想的基本条件。中国现代意义上的高等教育只有 100 多年的历史，规模一直比较小，但 20 世纪 90 年代中后期以来，实现了跨越式发展。2006 年，全国普通高校招生 540 万人，是 1998 年招生 108 万人的 5 倍，高等教育毛入学率由 1998 年的 9.8% 上升到 2005 年的 21%，进入了国际公认的大众化发展阶段。随着中国外交、经济，特别是教育的发展，以及受中国传统文化的吸引，有更多的学生选择到中国来学习，1998 年来华留学人数为 4.3 万人，到 2005 年，来华留学人数已达 14 万余人，涉及 190 个国家和地区。改革开放和高等教育由精英化阶段进入大众化阶段以后，使国内公众和国际来华留学生接受高等教育的机会大幅度增加，一定程度上满足了他们接受高等教育，获取知识技能的愿望，但同时新知识、高科技给高等教育教学内容的选择、更新提出了新要求，就业岗位范围和科技含量的增加让社会对高等教育培养人才的种类、业务水平和思想素质的要求越来越高，网络技术在时间、空间上的优势对高等教育传统课程及教学模式提出了新的挑战等，人们更加关注国内外创新教育的最新进展和高等教育的质量。

三、以学生为本，完善创新教育理念

知识经济时代，社会更加需要具有创新意识、创新精神、创新思维、创新能力并能够取得创新成果的创新型人才。在创新型人才培养过程中，关键是教育理念和培养方式的创新。同济大学近年探索了"KAP"人才培养模式，强调创新型人才培养必须以学生为本，重视"知识（Knowledge）、能力（Ability）、人格（Personality）"三位一体的协调发展。大学教育首先是知识的传播，这个过程应重视博、专结合。高等教育仍然是专业教育，但专业教育要建立在更为广博的知识基础上。大学在知识传播过程中要让学生了解人文社会、数理自然、艺术审美及现代高科技的科普知识等通识。博学是创新的重要基础，也是激发人的思维的前提。大学对学生能力的培养不光要训练开发学生的归纳演绎、分析综合等逻辑思维能力，还要培养提升学生发现问题的能力、动手实践的能力、人际交往的能力等，这些能力往往与科学研究紧密结合，是知识的应用和知识再创新的过程。人格的养成要把中国传统文化中强调的品德、情操、理想、信念等要素的道德人格，和强调自信、问责、敬业、诚信等要素的独立人格的培育结合起来，使学生能够独立思考，创新思维，追求真理，追求真知，开阔视野，开阔胸怀，关心国家民族命运，关心全人类共同的福祉。

四、创新教育与提高高等教育质量的实践探索

围绕"KAP"的教育理念，在多年的教育改革中，我们把培养"口径宽、基础扎实、人文与科学技术交融，具有创新意识、创新精神和潜在领导能力的人才"作为目标，把培养学生的探究兴趣，提高学生的研究能力，养成学生的批判精神作为提高教育质量、培养创新型人才的关键环节，进行了重点探索和实践。

（一）学科建设向交叉集成方向发展

创新型人才培养需要一流的学科建设作为支撑。我们在学科建设中改变单兵作战、单科突进的方式，强调以学科协同发展为主要途径，以人才和知识集成为核心，建立面向国家战略任务和国际学术前沿的跨学科平台与团队。这些学科平台在校内具有高度的开放性和共享性，相关专业教师和学生可以方便地共享资源，贡献智慧，形成跨专业的交流、集成。科技的发展呼唤文理渗透，理工结合，这也是创新型人才培养的趋势。同济大学在上海市高等院校布局调整过程中，已经组建了以城市建设和防灾为纽带的城乡建设战略学科群，和以清洁能源地面交通工具研究为核心的现代装备制造学科群；中远期要规划形成可持续发展学科群、医学和生命科学学科群和文化创意学科群。

（二）课程设置力求博、专平衡

创新型人才在于个性的全面、自由、和谐发展。在课程设置上，我们力求建立一个内容广泛的课程体系，让学生可以根据自己的兴趣自由

地选修课程，避免课程设置过分专业化而造成学生知识面越来越窄的倾向。作为以传统理工为主的大学，加强人文学科建设，不仅要培养本专业学生，还要为理工科学生开设文化历史、文学艺术、社会学等方面的选修课程；同时聘请一批校内外知名学者、著名政治家、科学家、文学家、艺术家来校讲课，开设高质量、品牌化的系列讲座，以拓展学生的知识面，培养爱国情感，加强思想教育，提高人文素质，进一步丰富和完善素质教育课程体系。

（三）教学与科研相互促进

大学强大的科研实力和教师们从事的科研项目都应成为提高教学质量、培养大学生研究能力和创新能力的巨大资源。教师的科研活力和创新成果转化为教学内容，可以激励、引导和培养学生的探究兴趣和创新意识。相应地，大批具有强烈求知欲的优秀学生向教师提问、与教师的交流，参与教师的科研中共同探索，又可以使教师在启发学生的过程中不断得到新的收获。

（四）建设实践基地培养学生综合素质

中国大学生的实践能力不强、创新精神薄弱是创新型人才培养的突出问题。同济大学十分重视实践环节教育，建立了不同类型的实践基地。2003 年成为"国家大学生创新试验计划"的十所高校之一，已经建成16 个校内大学生创新基地。进入创新基地的学生自己寻找课题，自主成立不同专业学生组成的研发团队，主动寻求老师和社会帮助等。学校还与所在地政府、相关企业在学校周边共同建设大学科技园区，规划建设"知识经济圈"，加强产、学、研合作，既帮助当地政府调整经济结构，转变经济增长方式，又为学生创造更多便捷的校外实习、实践机会。学校在全国各地建立社会实践基地，形成大学与社会无阻隔、无间断的沟通机制，让学生体验和适应社会需求，创造条件让学生经历社会实践，体会团队合作，感悟创新过程，锻炼他们创造、创新、创业的能力。

（五）跨国交流拓展学生国际视野

科学发展的灵魂在于不同思想和文化的撞击，激烈的科学争论与兼容并蓄的科学宽容往往能够引发重大的创新突破。我们把学生接受多元文化的熏陶，加强国际交流合作作为开放环境下培养创新型人才的重要手段，与世界著名大学广泛开展科研合作、学生交换，创造条件让教师、学生获得国际学习的经历；同时学校不断吸引世界各地学生来校学习生活，让不同文化背景和专业基础的学生在校园内自由地交流。目前，同济大学国际交流形成了中德、中法和中意三个系列，与联合国环境署联合创办了环境可持续发展学院，与联合国教科文组织合作建立了亚太世界遗产研究与培训中心等。每年校际交流的师生达到 2000 余人，在校的留学生人数也接近 2000 人，并在德国和日本建立了孔子学院。

（六）教学管理建立质量保证体系

教学管理是一项系统工程，严格的教学管理是提高教学质量的前提。学校探索形成一个具有质量指标、师资建设、资源配置和过程管理四大环节，涉及基础教学设施、教学档案管理、校园网络建设、毕业设计（论文）质量、图书馆资源管理系统等180多个质量控制点的自调整闭环控制系统。这个系统以教学质量为根本，以转变教育思想观念为先导，以师资队伍建设为关键，以教学内容、方法、手段和课程体系的改革为核心，以制度、体制和机制的建设为保障，形成了一个面向社会的、全方位的、稳固的教学创新体系。整个系统还定期了解社会用人单位对毕业生质量反馈和要求，不断进行专业调整和质量的提升，使学校人才的培养更加适应社会的需求。

第二节　创新型人才培养与大学生综合素质教育

大学的根本任务是人才培养。培养什么人、怎样培养人，是我国社会主义教育事业发展中必须解决的根本问题。在建设创新型国家和构建社会主义和谐社会的历史进程中，大学承担着更加重要的使命。如何着力培养适应国家民族需要、符合时代发展要求的综合型、创新型高素质人才是摆在每一位高等教育工作者面前的新课题，值得深入探索。

一、创新型人才培养是加强大学生综合素质教育的必然诉求

谈到创新型人才培养，我们首先必然会想到大学生综合素质教育的问题。因为创新教育是综合素质教育的重要组成部分，创新型人才培养也是加强大学生综合素质教育的根本诉求之一。

自 1999 年第三次全国教育工作会议召开以来，全面推进素质教育已经成为我国教育工作的主旋律，2001 年 6 月，中共中央、国务院颁布了《关于深化教育改革全面推进素质教育的决定》以后，素质教育更是被提升为党和国家的重大决策。加强大学生的综合素质教育，主要体现在四个方面：一是思想素质，这是社会主义教育的根本目的之一，主要解决知识为谁所用的问题，其中包括政治素质、道德素质等内容。二是专业素质和人文素质，主要是专业知识及专业知识以外的文化知识等。三是科技创新素质，主要指的是科技创新能力和实践动手能力等。四是身心素质，包括身体素质和心理素质及国际化视野等方面。

加强大学生综合素质教育，是我们对教育状况和人才状况深刻反思的结果，是中国高等教育改革和发展的应有趋势，是实施科教兴国、人才强国战略，建设创新型国家的必然要求，也是进一步加强大学生思想政治教育，培养社会主义事业合格建设者和可靠接班人的内在需求。

综合素质教育以对人全面能力的认知和开发为前提，这为创新型人才的培养提供了重要基础。在推进素质教育的全过程中，强调创新教育则是贯穿于素质教育始终的重要内容。这种创新教育不仅表现为具体工作的解决能力，也是针对创新的内在意识、心态和认识。因此，作为综合素质教育的重要目标，培养创新型人才要求我们高度重视和完善学生的教育培养体系，要在大学生当中大力弘扬以爱国主义为核心的民族精神和以改革创新为核心的时代精神；要更加重视创新意识的培育，倡导创新精神，大力提倡敢为人先、敢冒风险的精神，大力倡导敢于创新、勇于竞争和宽容失败的精神，努力营造鼓励创新、支持创新的有利条件；同时，要加强人文哲学社会科学建设，促进哲学社会科学与自然科学相互渗透，推进科技教育与人文教育的协调发展。

二、新时代大学创新型人才培养体系的主要内容

加强创新人才培养是时代赋予大学的使命。其重点是要建设具有时代特征的创新教育体系，营造良好的创新氛围，培养学生的创新意识和能力，积极引导大学生参与创新活动实践。

（一）要进一步加强对大学生的创新意识教育

高校在实施素质教育的过程中，必须旗帜鲜明地把创新精神作为大学生的核心素质之一。一方面要在全员、全过程、全方位的育人氛围中，使全校教职员工正确理解、科学评价创新教育，树立创新人才培养的历史责任感和使命感。另一方面要引导大学生认识创新素质的重要性，积极塑造创新人格，并把创新的自我价值与社会价值相结合，把求新与求真相结合，不断增强创新的责任感和内在驱动力。

（二）要更加强调对大学生创新能力的培养

创新能力主要指发现新问题、提出新方法、建立新理论、发明新技术的能力，是创新型人才必须具备的基本能力。创新能力包括创新学习能力和创新实践能力两大方面，其中创新学习能力又包括敏锐的感知能力、持久的注意力、较强的记忆力、丰富的创新想象能力及基于发散性

思维和批判性思维的创新思维能力；创新实践能力包括一般工作能力、信息加工能力、运用创新技法的能力及成果的表现表达能力等。创新能力的重点在于创新思维能力，而创新能力的最终表现则是把创新的思维、创新的思想转化为解决问题的实践能力，表现在创新的物化成果上。创新能力的培养重在培养创新思维能力、动手操作和实践活动能力及最终解决问题的能力。创新型人才培养就在进行全面素质教育的前提下，着眼创新能力培养，形成完善的创新能力教育和实践体系，加快提升学生的创新能力。

（三）要积极创造条件，推进创新实践机制建设

创新能力的培养离不开实践锻炼，因此，创新实践是当前高校创新人才培养的重要环节。要善于为大学生创新实践搭建活动平台，提供物质支持，特别要注重创新实践机制建设。要注重第一课堂以外的学生课外实践和科技活动，这既是第一课堂向实践环节的延伸，是第一课堂的有效补充，也是第二课堂的有机载体。要引导学生在创新实践活动中以社会价值为导向，将个人志趣与社会需要紧密结合。要善于引导、激励学生加入创新实践活动中。同时，也要发挥大学科技园、孵化器等在培养创新人才中的特殊作用。

（四）要积极营造宽松的创新氛围

进行相关创新教育、实践的同时，要善于在氛围、环境、导向上开展工作，让良好的创新氛围在学生创新意识培养中发挥潜移默化的作用。

要加强对培养学生科技教育与人文教育协调发展的认识和探索，重视人文艺术类学科、活动对科技创新的触动作用。要大力支持在创新活动中组建不同学科背景的学生团队。尤其应指出的是，要鼓励学生从事创新活动，更要注重培育创新文化、精神，创造宽松的氛围，营造包容失败的环境。

大学生创新能力培养对当前的教学改革提出了要求，可以概括为三点：一是对教学模式改革提出了要求，要改变以往教学活动中片面强调以教师为主体的模式，变为以教师为主导、学生为主体的模式，从而有利于被教育对象的个性和创造能力的形成。二是对教学内容改革提出了要求，要改变以往以传授已有知识为主的教学内容，变为开放式的研讨新知识为主要内容。三是对教学方法改革提出了要求，要改变传统的教学方法，转向启发式、因材施教的教学方法，使学生成为创新能力培养和参与创新活动的主体力量。

三、高校培养创新型人才的实践和未来规划

创新型人才培养是一个系统工程，要放在社会大系统中来考虑：要在综合素质培养的大平台上，强调社会需求导向，引导学生成为时代需要、敢担时代重任、能当重任的人才；通过社会、学校多因素共同作用，资源互动，构成社会需求与学校综合素质教育评估、反馈形成的综合素质教育循环系统。这也是创新型人才培养的立足点。同济大学在长期素质教育实践中，探索并建立了"知识、能力、人格"三位一体的人才培

养模式。其中，知识是基础，既包括扎实的专业知识，也包括广泛的人文科学和自然科学知识；能力是关键，既包括对学生掌握知识、运用知识能力的培养，也包括对学生实践创新和社会工作能力的培养；人格是核心，立德为先，塑造高尚人格对培养创新型人才至关重要。

在创新能力教育和培养实践中，学校推行了教育质量保证体系。这一体系既包括第一课堂，也涵盖了大学生思想政治教育、课外科技、校园文化、社会实践、心理健康教育等在内的第二课堂教育。强调创新素质培养，第一、二课堂联动，构成这一有机联系整体的必然内涵。

研究型大学在培养创新人才体系中担负重要使命。因此，在加强大学生综合素质教育的过程中，学校注重创新教育，逐渐形成了一整套以"创新、创意、创业"为内容，结构完备、层次清晰、制度规范、功能健全、贯穿于育人全过程的学生科技创新体系，不仅使创新型人才培养有了切实有效的抓手，也拓宽了培养各类优秀人才的途径。这一体系主要包括：依托教师科技创新体系，重点构建体现学科交叉的科技平台、基地与项目；扶植一批品牌项目形成科技创新的吸引力，以竞争意识形成学生自主创新的原动力，引导大学生积极参与课外实践和科技活动；重视学生科技创新的团队与梯队的培养，推动学生的创新意识培育的自我良性循环，体现学科交叉，为大学生参与创新形成可持续发展的人才格局；提倡和鼓励大学生从事"以社会需求为导向"的创造发明；鼓励有条件的大学生依托相对成熟的成果和项目自主创业。

充分发挥大学作为自主创新基础和生力军的作用，积极探索大学在建设创新型国家中的使命。学校将在鼓励和倡导教学科研人员瞄准国家和区域经济发展的重大需求，开展创新科技研究的同时，以更加积极的姿态，致力于创新型人才培养，并将创新科技研究与创新型人才培养紧密结合。特别是要强调完善学校与社会循环互动基础上的教学质量保证体系，积极推进"校区、园区、城区"三区联动，着力打造"知识经济圈"，以产业链带动学科链，推动大学创新人才培养方式的转变，为创新型人才培养提供更广的平台和更大的空间。

第三节　让大学融入自主创新的大循环

把高校和企业双方的眼前利益和长远利益结合起来，是非常重要的。要以全行业技术进步为合作目标，建立起能够长久合作的基础和机制，逐步使高校也成为企业的研发中心的重要组成部分。

高校要认清自己的长处和短处，要明确自己的定位，就是要成为知识创新的源头、科技成果的孵化器和扩散源、公共科技平台的服务员。

高校在规划布局和建设科研平台时，要考虑到社会和企业的需求，与企业的研发设施形成互补共享的格局；要建立科研平台开放运作的管理模式，引导平台的经营者主动为企业提供服务。高校承担着知识创新的责任，并要与企业结成自主创新的联盟，实现从知识创新到技术创新的跨越。在技术创新体系中，高校是否能够把握好自己的定位，关系到产学研联盟持续发展的前景，关系到技术创新的成败。

　　知识与技术的关系，实际上是科技与经济的关系。科技游离于经济，或者是貌合神离，就不能形成生产力，就起不到推动国家经济社会发展的作用。要提高我国自主创新能力，科技和经济必须要努力形成一个整体，科技要促进经济发展，经济也要给科技进步以动力。科技进入经济的大系统、大循环中，就会获得无穷的活力和灵感。从这个基点上认识产学研联盟和技术创新体系的建设，高校应该要有更大的主动性和积极性；要根据国家经济与社会发展的需要，根据国家中长期科技发展规划，根据区域经济的重点领域来部署、调整学科结构，主动与产业接轨，主动为企业服务。科技能否顺利地进入经济的大系统、大循环，很大程度上取决于高校的学科是否适应经济发展的需要，高校的科研成果是否满足企业开拓市场的需要。产学研联盟促使高校学科贴近产业，帮助高校的科技人员了解市场信息，是科技进入经济大循环的最佳形式。上海实施"科教兴市"主战略以来，已经在许多重要产业领域建立了产学研联盟。今后，政府、高校和企业还应在更多的产业领域推进产学研合作，使科技与经济更广泛、更紧密地融合起来。

　　在市场经济条件下，企业在技术创新中具有无可替代的作用。企业作为创新活动的主体，应该成为投资、利益和市场推广的主体。当然，高校与企业的运作机制是不同的，利益驱动也不一致。企业在选择主攻领域时，会较多考虑市场需求的关系。而高校作为技术的支撑，除了参与企业的创新活动外，还会更多地考虑学科的长远发展。因此，把双方的眼前利益和长远利益结合起来，是非常重要的。企业要加大对技术创新的投入力度，要尊重高校教师的研究工作。而高校要主动承担起支撑技术改造、产品研发的责任，弥补企业研究、开发和设备能力的不足；要有更多的市场意识和经济头脑，分担企业的风险，帮助企业提升技术创新能力。

高校在以企业为主体的技术创新体系中的职责，主要有以下几个方面：①由创新知识产生创新技术。②以创新技术为企业提供服务。③以创新平台的建设聚集高技术企业，吸引企业的投入，提升企业能级。④以创新基地等开放式教育环境，培养创新人才。

高校和企业在产学研联盟中有各自的职责，高校不能越俎代庖，去承担原本不擅长的市场行业。反思高校科研成果产业化的过程，经常是以一个个项目为载体，教授从知识创新、技术开发，一直做到成果转化和市场应用。在烦琐的具体事务中，由于不适应市场竞争，往往得不偿失甚至无功而返。有一些项目虽然获得市场成功，但人才流失、学科发展受到影响。

高校历来以拥有高层次、高水平科研平台而自豪，现在必须要更进一步，应该以科研平台的社会共享程度、以平台对企业技术创新的贡献率来评价。

要形成可持续的产学研合作机制，政府和高校都要继续努力，破解合作过程中的若干难题：①要建立知识产权保护机制。高校要为参与产学研合作的教师提供法律、专利服务，政府出台鼓励、支持技术服务的政策，使高校和教师没有后顾之忧。②高校科技人员要学习市场规律，了解和掌握合同法等法律知识，避免"边干边谈""先做后算""君子协定"等不规范操作。③大学科技园、高校科技园区要转变观念，从服务教授转变为服务博士生，使博士生成为科技成果产业化的主力；要完善成果转化机制，把教授从市场经营的麻团中解脱出来。④要增加学生创业基金的投入。高校毕业生尤其是博士生、硕士生是科技型创业的生力军，他们参与导师的科研，也容易承担成果的转化重任，关键要得到资金的支持。学校要努力通过各种方式聚集创业资金，以支持学生和毕业生创业。⑤政府要加大对高校核心竞争能力建设的支持力度，鼓励高校整合学科，组成与产业紧密结合的学科链。母校要在校区建设和校区周边产业规划过程中，打开校门，区域联动，聚集为企业服务的现代服务业，为师生创设思想、学术沟通交流的氛围，使大学校园成为创意、创新、创业和为企业服务的热土。

第四节　高校创新教育的问题及策略

一、高校创新教育中的问题

目前随着社会形势的发展，我国大学生的数量在不断地增加，但大学生的质量却没有得到同步的提高。我国根据社会形势发展的要求，相应地对大学生的创新教育制度等进行了一系列的修改，但距我国加快发展高校创新教育的迫切要求还存在着一定的距离，显现出诸多问题，具体可以归纳为以下几个方面。

（一）大学生自身的创新意识不强

大学生自身的思想没有改变，在高考指挥棒的影响下，仍然以高中生自居。第一，他们中的多数从小学到大学阶段都是在接受灌输式的"三中心"教育，以课堂为中心、以教师为中心、以教材为中心。在这阶段，他们很少甚至没有接受过创新教育的培养，以至于大学生的创新意识模糊、创新能力不强，表现出来的思维方式完全是"邯郸学步"式的，在毕业论文写作阶段，他们阅读大量与本专业相关的书籍、参考文献，目的并不是找出这研究领域的空白点，独辟蹊径地做出自己开创性的研究，而是从参考文献中模仿别人的研究方法、套用别人的研究思路，这样的学习方法，完全是高中阶段的接受式学习方法，没有发挥自己的主观能动性，不懂得创新也不会创新，更不懂得自己发现问题、提出问题、解决问题。第二，现在的多数大学生上大学的目的和动机仅仅是拿到文凭，能够毕业即可，在乎的就是自己的文凭。他们认为只要上了大学，拿到文凭，就可以找到工作，解决就业问题。这些原因使他们从思想上、心理上抵制创新教育，导致大学生的创新教育难以很好地实施。第三，在大学阶段，我国大多数高校的科研条件有限，对学生的科研能力没有提出明确的要求，学生很少直接参与到知识的发现和探索过程当中，忽视了对学生进行"在继承中创新、在创新中继承"的教育，直接导致了学生高分低能、因循守旧、动手能力不强。

（二）家庭和社会对创新的重视不够

高校创新教育的全面开展，需要家庭教育、学校教育、社会教育的互相配合、互相支持。但是目前无论是家庭教育还是社会教育对高校创新教育的实施都存在着明显的不足。家庭教育的不足主要表现在以下几点：一是家庭教育的理念错误。许多家长没有从孩子的实际情况和社会的需求出发，而是从自身的爱好出发，从望子成龙、望女成凤的心态出发来教育孩子，最终导致孩子的心理负担过重，个性发展不健康。二是家庭教育的内容错误。许多家长只重视孩子的身体素质，却忽视了孩子的心理素质；只重视孩子的智力开发，却轻视了孩子非智力因素的培养。三是家庭教育的方式错误。家庭教育方式主要有溺爱型和压制型两种。在溺爱型的教育方式下，孩子就是家里的全部，父母为孩子包办一切，孩子过着衣来伸手、饭来张口的生活；在压制型的教育方式下，父母说的话就是圣旨，以骂代教，孩子只有言听计从，久而久之，孩子就会产生种固定的思维模式，父母让怎么做，自己就会照着怎么做。有位记者问一个正在山坡上放牛的孩子："你为什么放牛？"孩子说："把牛养大，卖了可以赚钱。"记者问："赚的钱用来干什么？"孩子说："娶媳妇。"记者又问："娶媳妇干什么呀？"孩子说："生孩子。"记者问："生孩子干什么呀？"孩子说："放牛呀。"这两种教育方式泯灭了孩子的创造天性，使他们的思维产生惰性，不愿意动脑、不愿意思考，缺乏创新性。

社会教育的不足主要表现在以下几点：一是政府相关部门对高校创

新教育的重视程度不够，没有从制度、政策、资金等方面给予支持。二是社会风气、社会舆论的不规范。近年来，随着社会主义市场经济的发展，人们的思想观念、价值取向等都出现了多元化的特点，一些消极因素，如金钱万能、投机取巧、享乐主义等，正潜移默化地慢慢侵蚀着青少年的思想。同时具有社会舆论导向责任的某些媒体，为了牟取暴利，不惜一切手段发表大量充斥暴力、犯罪、色情内容的作品，青少年纯洁的心灵无形之中受到了严重的危害。这些情况的存在，使我们进行创新教育的环境大打折扣。

（三）传统教育观念对创新的制约

认识对实践具有反作用，对实践具有指导作用，教育观念指导着教育实践，正确的教育观念能够促进教育的发展，错误的教育观念则阻碍着教育的发展。第一，传统的教育观念仍然以应试教育为主，以升学率为目标，以"三中心"为中介，注重对学生进行知识的灌输，忽视其个性的发展，力图把教育办成标准化的应试教育，严重制约了大学生创新能力的发展。第二，由于受传统教育思想的影响，不论是学校领导、教师还是学生都形成了一些根深蒂固的思想与观念，对高校创新教育缺乏科学的认识与了解，认为创新教育只是针对尖子生的教育，是名牌大学和重点大学的事情，与普通高校没有关系，没有引起高度的重视，没有将实施创新教育纳入学校的总体发展规划当中，没有落实到日常的教育教学管理当中。第三，教育教学主管部门，特别是学校的领导，很担心进行创新教育会把原来的教学秩序与工作秩序打乱，要打破传统的教育模式，改变他们的观念与习惯，进行改革与创新，在认识与行为上都有一些不适应，不仅会给管理工作带来些困难，而且会增加自己工作上的难度。

（四）传统应试教育体制对创新的抑制

教育体制一定程度上决定着教育的内容和形式，有什么样的教育体制，相应地，就会有什么样的教育。审视我国大学的教育体制，无论是教育教学管理体制、评价体制，还是招生制度等，都无不直接或间接地反映了传统教育体制的弊端，而这恰恰是开展高校创新教育的大敌，阻碍了大学生创新能力的培养。传统教育教学管理体制的目标就是升学率，一切以老师、课堂、教材为中心，学生的兴趣爱好无足轻重；评价体制主要以学生的考试分数为依据，只要分数高就是优等生，其他的如品德、劳动技能等都不重要；招生制度主要以考试为入学途径，从考试的内容和题型上来说，主要测试对基础知识的考查、对书本知识的记忆，学生依靠死记硬背就能完成，没有突出对大学生创新意识、创新思维、创新能力的考查。这些体制都或明或暗地显现了我国教育体制的封闭和僵化，封闭和僵化这些特性正是实施创新教育的最大阻碍，如果相应的体制不完善，势必会对大学生的创新教育带来抑制效果。因此，封闭、单一、僵化的教育体制无法唤起教师和学生的活力，在一定程度上抑制了高校创新教育的实施。

（五）部分高校教师对创新的热情不高

古往今来，人民教师一直都受到社会的尊敬，具有崇高的社会地位。人们用种种美好的比喻来赞颂教师，有的把教师比作"蜡烛"，赞颂其"燃烧了自己，照亮了别人"的牺牲精神；有的把教师比作"一盏灯"，赞颂其"为学生照亮前方道路"的奉献精神等。高校教师都是经过专门训练的人才，他们拥有渊博的知识、丰富的阅历、严谨的治学态度，对工作兢兢业业、勤勤恳恳。然而由于传统教学模式、风险意识和利益关系等种种原因，部分高校教师在创新教育上也存在着一些问题：第一，传统教学模式的影响。由于受传统教学模式的影响，有的教师的教学活动已经成为一种固定的习惯，没有随着社会的变化而变化，没有更好地与时俱进，在教学手段、教学内容、教学方法上缺乏创新，用陈旧的教学理念束缚着大学生的创新能动性。在课堂上讲授的内容只是把对上一代所讲的话，又灌输给下一代，这样一代又一代，周而复始，把原本生动活泼、充满想象、具有创新激情的青年学生变得死气沉沉、万马齐喑；把教师与学生互动的教学过程变成了教师的单向行为，教师只是单向的传授者，学生只是被动的接受者。第二，风险意识和利益关系的影响。高校的许多教师在理论上都认识到了开展创新教育的重要性，但由于受风险意识和利益关系的影响，使得高校教师对开展创新教育有很多顾虑。开展创新教育必须进行改革，改革就要进行探索研究，就要付出大量的时间与精力，是否能得到相应的回报，是否能收到预期的效果，都很难把握，这些大大影响了高校教师对开展创新教育的积极性。

二、发展策略

（一）树立创新教育新观念

传统教育是单纯的继承性教育，强调的是知识的积累过程，追求的是教学内容的稳定和专一，把掌握知识本身作为教学的目的，缺乏创新。这种教育不利于学生培养创新精神和创新能力。知识经济对人才的要求在内涵、规格、模式诸方面都将发生深刻的变化。

人才素质的核心要求我们要在继承性教育的基础上，加强创新教育，树立起新的教育观念；要在传授和学习已有知识的基础上，注意培养、实现知识创新，培养大学生具有自如运用这些知识的创新能力及解决实际问题的能力；要把培养创新人才的重点工作放在培养大学生的创新精神和意识、创新思维和创新能力这几个方面；要把培养学生创新能力和激发发明创新作为教改目标。只有确立了创新教育观，创新型人才培养才有了明确的思想保证。

用什么样的教育教学思想来指导人才培养工作，涉及培养什么人的最高原则问题。高等学校的管理者和教师所持的教育观和人才观直接影响到人才培养的质量。英国李约瑟博士在撰写完《中国科学技术史》后，曾经提出一个困扰中国学者的世纪难题"为什么中国培养不出一个诺贝尔奖获得者？"[1] 著名科学家杨振宁教授曾经说过："西南联大教会了

---

① 张孟闻.李约瑟博士及其《中国科学技术史》[M].上海：华东师范大学出版社，1989.

我严谨，西方大学教会了我创新。"① 这反映出不同的教育观念对大学生创新能力的培养作用与效果是不同的。

在我国传统的教育教学观念中，教学以系统传授前人的知识为主。它的显著特点是以教师为中心、以课堂为中心、以教材为中心，学生则往往成为被动接受知识的容器，认为教师在课堂上灌输的知识越多，学生学到的东西就越多，学习就会越好。因此，教师在课堂上主要进行着单向知识的传授。由于这种教学观念过分重视知识的传授，忽视能力培养，易将学生培养成为书呆子，更严重地制约着教学内容、教学方法、教学手段的变革，因此突破传统教学观念是高校深化教学改革，培养创新人才的前提条件。要通过教育教学观念的突破，使教师清楚地认识到，要培养创新人才，教师自身应率先具备创新意识和创新精神。要摆正师生在教学中的地位和作用。在教学过程中，教师只是教学活动的设计者、组织者、指导者、参与者和评判者，学生才是教学活动的主体，并且是具有能动性、潜在性与差异性的主体。要充分调动学生的积极性、主动性和创造性。要注重优化教学过程，把传授知识与学生消化理解知识有机地结合起来，要转变教师的单向知识传授为师生之间、学生之间、学生与社会环境之间的多向交流，要提倡研究性学习、探索性学习和协作性学习，要努力实现人才培养方式的深刻变革。

（二）优化创新型人才的成长环境

创新型人才培养环境应体现宽松、民主、自由、开放、进取的特点。

---

① 杨振宁. 杨振宁文集 传记演讲随笔 上 [M]. 上海: 华东师范大学出版社, 2000.

一个良好的创新环境，不仅能为具备创新能力的学生提供施展才华的舞台，同时可以激发学生潜在创新能力的发挥。

1. 优化硬环境

要加强创新教育的基地建设，可以以实验室、实习工厂、实训基地、图书馆等为基础，适当配置现代化、高科技的技术装备，也可以利用或共享社会非教育资源来建设校外的创新教育基地，通过第一课堂与第二课堂的结合来培养创新人才。近年来，一些院校实验室的全面开发已成为学校教育、科研上水平的标志，它以精心设计的课题、良好的仪器设备、优质的管理和充裕的实验研究基金吸引教师、研究人员和学生参与，为大学生开展课外科技活动提供了良好的环境。

2. 优化软环境

要建立有利于人才培养的教育管理体制，改革教学内容、优化课程体系和人才培养模式，使学生形成良好的知识结构和能力结构，为发展学生的创新思维、为其成才奠定全面的基础。改革教学手段和方法尽量采取现代化、高科技多媒体教学和网络教学等为大学生创造良好的教学创新和知识创新环境。在考试评价上，取消百分制，实行等级制。把教师的积极性引导到教学改革上来，建立民主、平等、合作的新型师生关系，为学生创新能力的发挥创造自由、安全的心理环境。

（三）构建多元化的知识结构

科学合理的知识结构是进行创新的重要前提，是形成创新能力的主要基础。高等教育必须根据创新人才的成长管理，研究建立创新型的知识结构。建立新型的知识结构要具有完整性和有序性，同时需要处理好以下几个关系：

1. 通识教育与专业教育的关系

高等教育应该是通识教育基础上的专业教育。通识教育与专业教育相结合，能为学生提供广博的知识平台，使学生具有进一步综合、选择和创新的能力。

2. 人文教育与科学教育的关系

人文教育注重培养人文精神，没有人文教育就没有灵魂，人类就没有前进的方向。科学教育有助于人们认识物质世界，没有科学教育，社会就难以进步。人文社会科学素养，对于激发人的创造性思维、把握科学技术的社会需求、增强研究活动中的协作能力、提高社会责任感和使命感有着不可替代的作用和影响。我国高等教育长期文理、理工分家，人文教育与科学教育相割裂，给学生带来了思维方式的缺陷和知识面的偏颇，这样的人才毛坯要成为大师级、顶尖级创新人才有先天不足的地方。从事实上看，理工类的诺贝尔奖得主很大一部分都在人文、艺术上有很高的修养，并且明显地感到这些为其获得重大的成就起着重要的作用。推进人文教育和科学教育的有机融合，是实施素质教育、培养创新人才和取得原创性科研成果的关键性措施。

3. 知识、能力和素质的关系

知识是能力与素质的载体，能力是知识和素质的外在表现，素质是知识与能力的核心。知识包括科学文化知识、专业基础与专业知识、相邻学科知识；能力是在掌握了一定知识的基础上经过培训和实践锻炼而形成的。丰富的知识可以促进能力的增强，较强的能力可以促进知识的获取。能力主要包括获取知识的能力、运用知识的能力和创新能力。素质是指人在先天生理基础上，受后天环境教育影响，通过个体自身的认识和社会实践养成的比较稳定的身心发展的基本品质。高的素质可以使知识和能力更好地发挥作用，并促进知识和能力进一步提升。因此，高等学校在教育中要把传授知识、培养能力和提高素质三位一体辩证统一起来，才能有利于创新人才的培养。

4.智力因素与非智力因素的关系

培养创新人才，不能只重视学生的智力因素的作用，而忽视非智力因素的作用。心理学在研究创新活动的过程中发现一个人的创新除了必须具备智力因素的基础条件外，非智力因素往往起着重大作用。非智力因素包括智力以外的因素，诸如需要、动机、兴趣、情绪（情感）、意志、性格、态度和品德等，它虽不直接参与认识过程和智力活动，但它对人的创造活动有启发、引导、维持、强化和调动作用。科学研究表明，人的智力差异是很小的，能否成为创新人才不仅取决于是否有广博精深的知识，更取决于是否对人类和社会具有高度的责任感，是否对真理具有强烈的追求，是否有克服困难的顽强意志和坚韧不拔的毅力等良好的非智力因素。一个人能否创新，固然有知识基础、技能、思维方面等智力因素的原因，更有兴趣、情感、个性和信念等非智力因素的影响。非智力因素往往是创新最稳定、最持久、最巨大和最经受得住考验的驱动力。非智力因素在人才成长过程中起着极其重要的作用，它与智力因素相辅相成、相互促进，良好的非智力因素要以智力因素为基础，是智力因素的动力和灵魂。坚持智力因素与非智力因素并重共进，才能有利于创新人才的培养。

（四）完善创新人才培养的新机制

1. 树立多元人才观

改变过去那种统一教学、统一教材、统一学制、统一管理的整齐划一的人才培养模式，采取灵活多样的培养方式，实现培养模式多样化、培养方案个性化。培养方案个性化主要是指注重学生个性发展。没有个性的发展就没有创造力的产生，品质优良的个性是创造力的动力源泉。高等教育中要坚持全面发展与个性发展具有协同性的原则，在强调全面发展的同时，要注意学生的个性发展。因材施教激发和培养学生的学习兴趣，保护和激发学生的好奇心和创造欲，挖掘学生的潜能和特长，使学生在获得基础素质、共性素质发展的同时，以个性为特色的个性素质也得到最大限度的发展和彰显，从而促进创新人才的培养。当然，这里所指的个性是一种健康、和谐的个性，而非一些不良个性。

2. 深化教学改革

要更新教学内容，改革教学方法。在现在的大学里，一些教学内容明显落后于时代要求，特别是在一些高校中，一些专业课教学内容明显滞后于新知识、新技术、新工艺。因此，应紧跟时代科技发展前沿，增加现代科技基本原理，介绍学科的新发展、新成果，扩宽专业面。在教学方法上，变"满堂灌"为"启发式"，调动学生的主观能动性。加大实践教学比重，有的高校根据专业特点，建立"前校后厂"式的实践基地，对培养学生动手能力很有帮助，调动了学生的创新积极性。

3. 建立有利于创新人才脱颖而出的评价指标体系

三好学生标准、优秀教师的评选标准、教育评价制度，都要综合考虑创新意识、创新能力等因素。

4. 形成和谐、宽松、浓厚的学术风气

要大力倡导和鼓励科研工作，允许各种学术思想的充分讨论，不打压、限制。

（五）大力推进教学内容、教学方法和教学手段改革

为了实现人才培养方式新突破，培养创新型人才，在具体改革实施的层面上必须对传统的教学内容、教学方法和教学手段进行系统改革。

1. 教学内容改革

随着科技和经济的迅猛发展，知识更新越来越快，这就要求教学内容要不断更新，以直接反映科学技术和经济发展的最新成果和进展。但是，我国高校的教学内容和课程体系虽几经改革，但内容陈旧和结构不合理等状况依然存在。无论在自然科学、技术科学还是人文社会科学，其教学内容与国际先进水平相比，仍存在着相当大的知识差距，有些知

识、观点和材料早已为国际所淘汰，但仍在我国高等教学中作为主导观点加以传播。距今几年、十多年甚至时间更久的教材仍在使用，专业知识陈旧现象十分严重。教学内容过分重视陈述性、事实性和记忆性材料的教学，忽视原理性、策略性、发展性和创造性的知识教学；过分重视确定性的内容，忽视不确定性的、前沿性的内容，教学内容缺乏对学生智力发展的刺激性和挑战性，难以激发学生的学习兴趣和进一步进行探究的愿望，无助于创新实践能力的形成。

为了更好地培养学生的创新能力，应及时更新教学内容，要尽量选用最新、最先进的优秀教材，要及时将科学技术和社会发展的最新知识和前沿性成果介绍给学生；要根据学科之间相互交叉、渗透而出现的综合化、整体化趋势，拓宽学生的专业知识面，加强促进学科专业知识的交叉与融合；要加强科学世界观和方法论的教学；要精练教学内容，重视原理性、策略性、发展性和创造性的知识教学；要为学生留有自主思考、自主学习的空间；要善于激发学生的学习兴趣和探究性欲望，逐步培养学生的创新精神和意识。

2. 教学方式、方法改革

我国传统的教学方式、方法在理论教学时过分注重教师教、学生学，教师讲、学生听，过分强调"讲清"和"讲透"，采用的多数是"满堂灌"和"填鸭式"等方法。在实践教学中，实验教材和实习指导书将各个实验和实习的目的、要求、步骤、现象、结论写得清清楚楚，教师甚至在实验前还将所需实验仪器、药品准备好，学生在实验中往往是"照单抓药"，实验和实习只是为了验证数据和现象而已。这些传统的教学方法难以培养学生的动手能力、创造性思维和想象力。

为了更好地培养学生的创新能力，要全力推进课堂教学方式和方法的改革，要大量采用启发式教学法、案例教学法、专题讲座教学法、现场教学法、模拟现实教学法等。教师在教学过程中应做学生的导师，起"指点迷津"的作用，不能当学生的"保姆"。教师作为教学过程的设计者，必须把教学内容转化为具有探索性、开放性和适应性的教学问题，通过这些问题来创造教学情境；作为组织者，要组织学生实施课程教学方案，并保证顺利完成，教师必须具备驾驭课程的能力；作为指导者，教师要超越时空，说明和解释已知条件下事件发生的状况和特点，揭示知识的建构过程，帮助学生做出正确的选择；作为参与者，教师应和学生一起探索知识产生的过程、结构、特征和规律等；作为评判者，必须通过引导学生对认识结果进行表达、交流、批评和修正，并最终得出自己的结论和认识。

要重视实践教学在创新人才培养中的作用，尽可能地组织学生走出校园，采用课内与课外相结合、产学研相结合的方法，真正做到理论学习与实践相结合。在实验教学方面，应注重培养学生独立从事科研的能力，要多开设综合性和设计性实验，多开设有利于学生发明、发现、创新的实验。要建立各类实验室对学生开放的制度，要设立学生创新实践科研基金等，鼓励学生自己设计实验，并独立完成实验研究，获得创新性实验成果。

3. 教学手段改革

人类发展已进入信息化时代，社会信息通过电子计算机、缩微储存、网络等方式实现了人类资源共享。一个人如果缺乏信息化素养，就会失去利用最新信息资源的机会。创新人才就应该是善于利用现代信息化手段进行学习和创新的人。在这种形势下，教学手段信息化已经成为历史发展的必然，我国传统的"一本书、一支粉笔、一块黑板"为主，辅以挂图、模型等的教学手段已经不能适应信息时代的教学要求，也难以推动教学内容、教学方法的改革。要高度重视多媒体教学、网上教学等教学手段的重要作用，要构建能为教学信息化提供优质服务的教学信息化平台，构筑学习型校园。教师要及时学习现代化的教育理论，熟练地应用行之有效的现代教育技术，使用 CAI、虚拟现实、网络手段搭建起贯穿课程建设、教学活动、师生互动、教学评价、学术交流、教学管理的信息化教学条件，使之成为教师教、学生学，师生有效交流互动的得心应手的工具，才能全方位调动学生的各种感受器官全面参与课程教学活动，才能大幅度提高课程教学效率，增大教学信息容量，促进学生个性化学习、研究性学习、协作性学习，从而使课程教学变得更加丰富多彩，并逐步实现"教"是为了"不教"、"学会"变成"会学"的创新教学目标。

（六）改革课程考试方式

课程考核是人才培养过程中一个极其重要的环节，它不仅是检验学生课程学习成绩及教学效果的一种方法，而且是课程建设水平乃至学校教学和人才培养理念的一种体现，也是重要的"指挥棒"。通过加强考试方式改革，可摆脱"应试教学"和以"分数"评价人才的束缚，告别死记硬背，寻找到一条能引导学生自觉开展创新学习、提高创新能力、实现终身学习和持续发展的有效途径。

长期以来，我国高等学校的大多数课程考试方式仍然沿袭以书面试卷考试为主的方式，这种考试的内容以书本知识为主，突出表现为重课本、轻实践；重知识、轻能力；重结果、轻过程；重对学生的测试，轻课程自身的建设等特征。在开展创新教育的形势下，这种旧的考试方式已越来越不适应综合评价学生知识、能力、素质的要求。为了培养创新人才，必须重新认识考试的功能和意义，充分发挥考试的功能来引导学生全面发展，从而全面推进教学质量的提高。

课程学习一般要求学生掌握三个方面的内容：一是基本知识、基本理论和基本技能。二是发现问题、分析问题和解决问题的能力。三是创新意识和创新能力。在目前许多课程的考试中，一般只注重基本理论、基本知识和基本技能的检测，对于发现问题、分析问题和解决问题的能力涉及较少，而对学生创新意识与创新能力的评价往往被忽视。考试方式改革的目的就是要通过改革考试的内容和形式，摒弃死记硬背的学习方式，引导学生在掌握基本理论、基本知识和基本技能的基础上，积极培养其发现问题、分析问题和解决问题的能力，培养创新意识和创新能力。要根据具体课程的性质，经过改革试点，逐步探索出一套适应具体课程特征、形式多样、有利于学生创新能力培养的考试方法，如课程小论文、创新实践活动成果、开卷考试和闭卷考试等。要树立"综合考核"观念，其目标不仅是考查学生掌握知识的程度，更重要的是考查学生运用所学知识发现问题、分析问题和解决实际问题的能力，引导学生学会创新。

（七）营造优良的创新人才培养环境

培养创新人才，最重要的是创建和营造有利于人才成长的条件和环境。正如美国哈佛大学原校长陆登庭所说，最令哈佛大学骄傲的，不是培养了6位总统，36位诺贝尔奖获得者，而是为学生提供良好的、充分发展的环境。实践证明，学校构建有利于学生创新学习的环境和条件，建立有利于学生创新的教学管理制度、教学评价及激励机制，在教学过程中营造活跃、宽松、民主、高效的课堂氛围，尊重学生的个性与创新精神，树立多元的学生创新观，允许学生有不同的见解，师生合作，教学相长，平等对待学生，鼓励学生发表见解，甚至敢于挑战权威等方式，都有利于学生创新精神与创新能力的培养。这些都是现代创新教育教学观所大力倡导的，也是实现人才培养方式的新突破，培养创新人才的基本条件。为了营造优良的创新人才培养环境，要加大投入，构建适合具体学校实际的创新人才培养体系，此外，还需处理好以下关系。

1.科研与教学的关系

如何处理教学与科研的关系是我国高校面临的共同问题，两者应互为相长，但实际过程中往往相互割裂，相互矛盾，多数教授精力主要投入于科研，较轻视教学。这种状况不利于创新人才的培养，要加强政策引导和制度建设，恰当处理教学和科研的关系问题，要推进教授在投入科学研究的同时，积极投身于教育教学工作，培养创新人才。同时也应采取措施，引导教学型教师积极投身于科研工作，以进一步提高教学水平。

2.智力因素和非智力因素的关系

为了培养创新型人才，不仅需要加强学生在知识和能力方面的培养，更要帮助学生树立对社会高度的责任感和良好的道德品质与心理素质，加强情感、意志、性格等非智力因素的培养。现代科技的发展和应用是一把"双刃剑"，它既可以为人类带来幸福和进步，也会给人类带来祸害，甚至灾难。如果掌握尖端科学技术的人，没有养成与其智力水准相应的道德水准，对社会所造成的影响甚至危害常常会更严重。高校是社会精神文明的重要基地，加强学校文化的建设，引导、熏陶和培养高素质的拔尖创新人才，具有十分重要的意义。

3.传承与创新的关系

我国高校人才培养的一个严重缺陷是人才培养的知识面过于狭窄。根据学科之间的相互交叉、渗透而出现的综合化、整体化趋势，许多学校开始强调拓宽学生的知识基础。但是，如果拓宽基础只是注重学生在知识上的增加，单纯地增加课程学时，不注重克服传统教育中重知识轻能力的弊端，只会增加学生的负担，最后培养出来的也是不会很好运用知识和缺乏创造性的人。

第四章 高等教育与创新素养发展关系理论框架

第一节 解读大学教育的理论工具：组织、规训、话语

伴随着大学的发展，大学的育人功能与社会功能日益彰显，大学之所以能够作为一种社会组织参与社会资源的使用、改造与配置，与其制度化发展历程存在着一定的关系。一方面是人们在认识世界和自我社会调适及发展中对知识的依托，另一方面是大学拥有独特的知识资源（包括人才培养），知识资源是大学组织内部重要的循环代谢系统，也是与社会之间进行能量交换与转化的基础，在大学组织与外界的各种制约因素博弈过程及其内部运行轨迹逐渐清晰之时，大学内部的运行亦即走向自觉，除了获得学术发展方面的声威之外，大学作为真正有教育与孕化功能的实体，也同样有支持这一系统运行的规程与规则，比如学科制度（亦称学科规训），以及与学科规训相联系的课程设置与标准、学科评价及学科奖惩制度等。以上我们是站在大学组织功能外显的角度来讨论的，但另一方面大学教育是过程性的，也是以学生为中心的，大学教育对学生的影响除了体现在以学科教学为主的大学组织化生活中，也在大

学的文化生活与人际交往生活中反映出来。大学的文化生活与人际交往生活是大学生在大学阶段在组织化学习活动以外所展开的全方位的综合活动形式，包括政治参与、人际交往活动、课余休闲活动、文化娱乐活动等，其充分体现着大学生的主体性地位及其个性特征。在大学教育过程中，不可避免地有多种因素被包容其中，并在大学发展的过程中，逐渐地积淀下来，形成具有现实或潜隐规训作用的制度或规约，而这些制度或规约以其特有的方式制动大学教育的方方面面，学生的发展也受其浸染。组织、规训、话语在理论上为人们解读、考察大学教育提供了可解释性的基本线索而受到关注。

一、组织：规定了大学教育的形态

（一）对组织的理论阐释

组织是社会有机系统中的基本单位，组织由多种资源构成，具有明确的目标和独特的组织结构，通过以人为核心的组织活动协调、管理组织内部环境，并同时与外部环境保持联系。组织使社会秩序的有效维持和社会效益的实现成为可能。大学作为社会系统中的一个组织单位，也具有独属于其维持内部运行、协调内部环境及与外部相联系的独特方式与基本形态。大学组织可以看作是寻求具体目标并且结构形式化程度较高的学术结构集合体。其目标是为了知识与学问而存在，形式化使得大学组织和个人的行为变得更为确定，使参与者或观察者能够描绘其社会结构及运作流程，包括责任分工的设计与修订信息或物质的流转，或是参与者之间互动的方法。

组织理论从内部对大学教育系统进行了可解释性的分析，通过对大学组织的分析，使人们能够了解到大学中的人实际在做什么、在怎样做。当人们站在组织的视角，把大学教育作为一种有组织的系统来分析时，人们会发现，知识是包含于大学教育活动中的主要方面。而知识在大学中有其特有的表现形式，即学科，大学组织就是以学科为基础建立起来的。对于整个大学组织来说，学科不仅仅把大学组织划分成一个个不同的学院、不同的科系，另外还有为学科的发展提供保障的管理系统和职能部门。按照对学科所承担任务的不同，被分为以知识创造为目的的研究活动，以知识传授为目的的教学活动和为大学的研究活动与教学活动提供职能保障的管理活动。普遍来说大学组织结构由处于不同层次的三个部分构成，三个部分分别是底层结构（以学科为主的层次）、中层结构（指院或系科这一层）、上层结构（指学校系统这一层）。三个层次结构各自的职能、任务、目标都有所不同。其中学生的活动多在底层结构和中层结构中，并以底层结构为主。学生的活动也主要与学科相关。大学教育中更佳的端点是底层，底层是包含了广泛大学学术内涵的更佳的端点。

在大学组织中，人们观察到以下事实：在底层的教学和研究活动是真正推动知识发展的活动，是对学生进行影响的活动；知识在这些活动中是被划分成许多相互紧密联系但却独立的专业；对知识的专业划分促成系科这样的工作单位结构形成，教学组织、课程组织、学业评价都在这里进行。

（二）大学的组织化生活

大学组织化生活既包括认识过程也包括实践过程，教师和学生同为这一过程的主体，知识是这一过程的客体。学生和教师主体认识改造知识客体需要借助某些中介作为条件来进行，如要通过体系化的课程设置、课程安排、教学方式方法、教学管理、技术路径、教学环境等支持性因素来进行。可以说，教师、学生、知识、各种教育支持因素从不同的方面影响着整个大学的组织化生活。大学组织化生活是学生主体性活动，学生的认知能力已达到相当水平，有较强的学习自主性，但是学生仍然需要教师的指导和帮助，需要教育中介和教育环境的支持才能进行知识的有效学习和自我能力发展水平的调整，因为学生个体不具备对复杂知识体系和认知环境体系的掌控和协调能力。大学为学生提供的知识类型、学生的认知方式对其能力发展有着极大影响，就认知方式来说，认知既是对大学教育发生作用的基础元素，也是大学教育的一种结果。与认知有关的情感、实践活动、交往活动、教育手段等方面也对大学学习生活产生重大影响。首先，情感对人的认识过程起着激发、推动、维持作用。实践活动可以帮助学生加深对抽象理论的感性认识，在与客观实在发生关系的过程中，形成自己的体验，养成一定的情感态度，获得对事物的认识、判断、领悟。主体在大学组织化生活中的交往对学生创新动机和实践能力的加强具有重要价值，因为大学生活是建立在交往基础上的。

大学生活的过程安排一方面反映知识的表现形式和对人的影响方式，另一方面反映教师专业培养和教学实践活动对学生影响的实际过程。当然，除了受到构成大学学习生活条件因素的影响外，大学的科研水平、管理水平、校园环境等因素对大学生的认识与实践活动有积极的保障作用。

总体来说，在大学的组织化生活中，各因素之间相互制约，这些因素之间的交叉及其组合关系形成了大学学习生活特有的机制和影响方式，实现着对人的发展的影响。

首先，大学的组织化生活的内容较宽泛，一般由相互联系的学科教学活动、专门的科学研究活动、专门的管理活动构成。但每一种活动都有其区别于他者的特点、方式、过程和规律等，每一种活动都指向特定的目的，对应相应的功能，具有不同的活动主体。科学研究活动是相关的研究人员对客观世界的探索认识活动，其目的是发现和发展未知世界和未知领域，推进对客观世界的整体认识，这一活动的固定主体是教学科研人员；学校管理活动属手段性的协助活动，目的是协调组织中的人际关系、事务性关系和教育活动关系，保持组织内部各有效力量的正常发挥和运作，其主体是学校的专职管理人员和具体事务负责执行人员；大学学科教学活动的目的是提高学生的认识能力和实践能力，实现学生的身心发展，其关键主体是学生。通过比较可以看出，大学学科教学活动与人的发展最为直接和紧密，分析大学组织化生活中的学科教学活动各个部分、形式、过程本质可以帮助我们从更贴近现实的角度来分析学生的创新素养发展状况。

按照人们的一般认识习惯，人们总是倾向于从与认识或研究对象关系最直接、最紧密、能提供更多信息和线索，而且是人们最熟悉的事物或事物的某一方面入手，开始他们的研究工作。当人们要对大学教育的全过程、全部内容、所包含的全部关系、结构的构成方式及其功能机制做分析和描述时，有必要将交融在"大学教育"范畴下的具体的活动内容充分展开，并作为进一步细化研究、分析的结点。以大学组织化生活为研究开端，通过对构成大学组织化生活的核心元素的分析来了解在大学教育情境中人的创新素养发展状况，能够获得相对精确的信息，通过有效分析，可以达到理想的认识结果。

二、学科：大学教育的中介

（一）对学科的理论阐释

大学育人过程中，有一种将知识与人的发展目标和需求联系起来的中介，这一中介体现为拉动大学教育活动进行的序列程序，大学中的育人活动就是在这种安排了人、知识、制度等因素的特定程序中开始、进行和完成的，尽管人的内在心智发展状态不具确定性，是不断发展变化的，但是围绕人的发展所进行的学校教育的外在影响活动却是按照一定方式对人施加影响的。

在大学，从高深学问的教与学等知识现象中，人们可以找到这一中介——学科规训。它既是知识的本身，又是对知识的分类；既是知识本身的形式，又是对人进行规范、训练和陶冶的范式；它既用知识培养人，又通过培养人发展知识。在英文、法文和德文中都有表示"学科规训"的词。如英文"discipline"源于拉丁文的"disciplina",意为知识、教导、纪律和习惯,"学科规训"内涵复杂,包含学科、规训、建制等多层内涵。米歇尔·福柯最先使人们认识到"discipline"在"学科"之外具有"控制"的含义,它反映知识与权力结合规训人们的行为。沿此线索,华勒斯坦等人研究了大学里与知识、权力相关的"学科规训"现象,指出:在大学里"学科规训"是制度化的,知识与权力的中介是教育实践方式。①纵观历史上对"学科规训"内涵的解释,一个综合的认识是"学科规训"是一种知识分类的规则和学科分立的制度,是知识生产的制度;是一种建立在现代知识体系之上的学校教育制度;是一种教育实践活动。

学科规训理论在微观层面,将知识按学科划分归类,按学科的发展要求,确定研究对象、知识域及保证学科体系完善、发展的各种手段、规则。由此,学习研究者也在学科规训的驯化过程中被学科区别开来,用属于自己的学科专用语言、思考方式、讨论方式、规训方式来彼此交流、沟通,甚至相互批判。这种理论以更精细、更确定、更有利于知识传播的方式规定了人的发展方式,包括这种方式所反映出的人的创新能力的发展状况。在这里,将被用来解释大学教育中学科、教学训练、评价等对学生创新能力发展影响的基础和过程。

---

① 华勒斯坦. 学科·知识·权力 [M]. 刘健芝等译, 北京: 生活·读书·新知三联书店, 1999.

（二）学科在大学组织化生活中的作用

1. 学科层面：学科分类、学科建制、学科文化

学科规训在大学教育实践中有具体体现，即指以专业为基础的教学。分科教育是大学学科规训的显著表现之一。从中世纪大学产生时，就出现了分科教育的传统，在大学内部，首先根据处于不同地位的知识，组建不同学院，一般是神、医、文、法四个学院，伴随着知识领域的扩大，以及知识内在逻辑划分、管理与传播的需要，并按照各自适用的范围与特点，知识相应地被区分出来，形成不同的大类，并在大学及社会范围被广泛采用，于是逐渐发展形成了今天的学科类别（宏观层面：自然科学与人文学社会科学；中观层面：文、史、哲、理、工、农、商、管、医、经、法、教；微观层面：生物、化学、物理等）。大学中的教学则按照学科类别分科组织实施，更具体意义上的专业教学（具有职业导向）贯穿于诸如招生、培养、学业评价、就业等相互衔接的培养程序和环节中。以我国大学为例，学校招生按学科类别分科录取，学校将依托学科或学科群对进校学生进行培养，并依据专业标准对学生进行考试评价，学生就业也是按照专业类别进入就业市场进行分流。大学教学活动沿袭了中世纪大学学科规训传统及遵循现代知识分类基础上的分科教育规定，是学科规训外显过程中形成的系列实践活动，大学的培养目标、教学内容、教学活动组织及大学的组织建制等方面都是按分科教学的方式履行的。

学科规训在大学中的影响程度伴随大学社会职能的不断丰富与发展也进一步加强，在新的复杂交错的知识背景下，学科规训依然是能够使

大学的教育活动继续顺利延续的内部力量。首先，从大学中知识的传输过程来看，作为教学材料的高深知识呈现出学科性归属与专业性分布，被知识所吸引的师生按照知识的枝丫脉络归于众多不同的学科门类，按照专业汇集到学部、系、讲座等组织里。大学教学活动在这一背景下以专业作为基本组织单元，在全国性专业设置、学校专业教学计划、学校专业教学系设置的基础上，采用专业教学组织形式凸显专业性教学内容，大学教学活动置身于专业教学习性中。其次，从大学的学科建制，即站在学科确立与发展的角度来看，无论是大学中的讲座、开设的学科课程、严格的学位制度、独立学科的学术组织、专业学术期刊，还是按学科分类收藏的图书资源等方面，各自以一定的方式给不同学科的师生在专业探索上给予协助。可以说，作为学科规训组成部分的学科建制在大学里对学科的继承者和发展者的影响是显而易见的。事实上，一个重要的原因就是学科发展需要以专业组织为载体，以专门的研究期刊为阵地，以学术共同体的交流对话为根本工作方式，从而实现其提升与发展。学科建制始于 17—18 世纪，那时各国成立了科学学会或学院，这些组织的科学活动"可算作是建制化，却非专业化"的，"这些学会充当了知识把门人的角色，并开始发展能够规范组织知识的出版技术和策略"[①]。而学科建制的真正形成与成熟则是在 19 世纪，其标志是伴随以德国柏林大学为首的研究大学的创建，"各个科学学科的专业标准同时建立起

---

　　① 陈秀兰.交往中的建构：大学教学活动的社会建构论解读[M].青岛：中国海洋大学出版社，2008

来"。^①这些新大学一方面"为科学家提供就业和经济保障，鼓励他们以自己的专业而不是以整个科学家群体来互相认同"，"使知识生产专业化"，"依赖各种形式的专业组织来联结地域上各自分散的学者"；^②而另一方面，这些新大学"依照学科来设置专业与课程，设置考核评价标准，形成完整的教育制度以规训新人"。^③精确化、实证化、实用化和控制化的思维方式、原则逐渐在学科发展中显现出来。学科建制是学科规训的又一组成部分，它反映了各个学科对各自的准入人员的认同、评价标准及方式，而这一规训又影响到学者栖息的大学中的教学活动，即学生在教学活动中不可避免地以学科的名义和标准受到考核和审查，当然，在这里学科不仅仅指普遍的真理和方法，亦指控制和规训。大学教学中的课程仅仅是学科知识的一部分，是学科知识的教育形态，而学科涵盖专业化知识的全部内容，是专门化知识的学术形态。由此可见，大学开设的课程与学科直接相关，同时兼顾学生的认知水平和可接受的程度，是学科规训的结果。最后，从学科文化的影响来看，它更能将学科中最高质、最深刻的部分毫无区分地为拥有它的人所享有，正如伯顿·克拉克（Burton .R.Clark）所说，每一个学科都有一种知识传统，即思想范畴和相应的行为准则……刚刚进入不同学术专业的人，实际是进入了不同的文化宫，在那里，他们分享有关理论、方法论、技术和问

① 陈秀兰.交往中的建构: 大学教学活动的社会建构论解读[M].青岛: 中国海洋大学出版社，2008
② 陈秀兰.交往中的建构: 大学教学活动的社会建构论解读[M].青岛: 中国海洋大学出版社，2008
③ 陈秀兰.交往中的建构: 大学教学活动的社会建构论解读[M].青岛: 中国海洋大学出版社，2008

题的信念。① 与学科在大学中的确立和学科发展所依托的外在制度相比，学科内部的价值概念和学术信念的内化过程则更有意义，这个意义就是人们从中获得了学术的自觉与自律。"大学的教学、研究等基本学术活动由学科及专业来划分和联系"②，"每一学科领域拥有其特有的思想范畴、研究方法、评价标准，每一学科成员具有独特生活方式、行为准则，并在学科范围内分享"，"同一学科或专业领域的人们逐渐建立了一套共同认可的研究方法、技术及专门术语体系"，"其最终结果是各学科或各专业领域形成各自的符号系统"③。尽管如此，在更大的科学共同体中，不同的学科则分享共同的学术规范，"大学学科文化以独特的方式影响着大学的学术活动、教学活动"。④ 一般来讲，大学教师已具有一定的学科背景，大学生也正在取得学科背景，他们都在经历学科规训。学科文化潜在地影响着师生的学科忠诚、价值规范、科学信仰与行为方式，也在师生的交往建构中变得丰富。

2.学校层面：学生学业评价与奖惩

以学科的形成及发展为框架和前提的大学教育，其教育的目的终归是实现人的发展，只是在人的发展过程中需要各种性状的因素、手段、条件等，且这些方面并非是杂乱无序，它们各自之间按照未来既定的目的或目标被划定在某一结构模型中，形成影响人的心身质变的主动力量，大学教育的客观影响力不能不说与学科及学科制度被纳入大学教育体系

① 伯顿·克拉克.高等教育系统 [M].杭州：杭州大学出版社，1989.
② 伯顿·克拉克.高等教育系统 [M].杭州：杭州大学出版社，1989.
③ 伯顿·克拉克.高等教育系统 [M].杭州：杭州大学出版社，1989.
④ 伯顿·克拉克.高等教育系统 [M].杭州：杭州大学出版社，1989.

有一定的关系。人们明白其中的一点，即人对世界的无知状态是人的发展的起始状态，知识则是改变人的这种无知状态的破冰石，知识在大学合法化的过程中所体现出的各种制度规约是被实现目标的效率所选择的结果。因此，在大学高深学问的教与学等知识现象中，对一切反映人与知识认知、知识创新、知识发展关系，以及知识对人进行规范、训练和陶冶的事件、活动、范式，人们使用了一个中介概念——学科规训来表示。人的发展目标及知识的发展不断精细化，学科规训的内涵亦在提升，学科规训能够为大学教育中的学科培养制度、学科评价与奖惩制度及知识行动者群体的职业伦理体系等提供解释框架。这一点在以上的论述中有所反映。人们所熟悉的学科评价与奖惩制度在学校的实际教学中是如何反映出来的，有怎样的表现方式，了解这些方面对研究的深入极其必要。

在大学教学实践中，学科评价具体指教学过程评价和教学效果评价两方面，教学过程评价是对学科教学人员的评价，包括对教学人员备课、讲课、作业及辅导的情况的评价；教学效果评价是针对学生群体对知识、技能掌握及其能力发展情况做出的评价。教学过程和教学效果两方面的评价都是以具体的学科要求和教学目标为其依据，利用可行的评价手段，反馈教学信息，强化学科教学，考察、鉴别学科教学的质量、优缺点和问题，并考察、鉴别学生的学业状况、发展水平及学习本学科的潜能，为国家选拔、分配和使用人才提供信息。对教学过程的评价方法和对教学效果评价的方法是不同的：教学过程评价检测教师的教学情况和教学目标完成情况，采用同行、领导、专家听课及征求学生意见的方式；教学结果评价检测学生的学科学习情况，检测学生的知识、技能和能力发展水平，采用学科测验（考试、设计、书写、操作）的方法。进行学科评价有其现实的意义，即对学科人才培养的实际水平给出可实际测度的客观结论信息，通过学科评价，来评判学生是否达到了学科的要求，获得了发展，评判学科教学是否加强了学科系统，推进了学科发展。因此，在谈到大学教育对学生的影响时，学科或学业评价是重要方面之一。

与学科评价相关的另一个影响学生发展的因素是学科奖惩。有评价就会有相应的评价结果，也会有对评价结果的回应，即奖惩。国内大学对大学生学业表现的奖励一般有奖学金评定、三好学生评定、优秀学生干部评定、入党人选评定、推免研究生人员评定、优秀毕业生评定、毕业留校人员推选等，而相应的惩罚形式一般有通报批评、记过、记大过、留校察看、开除学籍等。在大学教育中，对学生具有普遍和深刻影响的是奖励机制。除了以上所谈及的对学生的常设奖励项目外，对学生其他素质方面的优异表现，学校也设立奖励标准进行奖励。如设立道德奖、创业奖、文体活动奖、科技突出表现奖等，这些奖项是专设的并非常设，其对学生的吸引力与影响度都不及常设奖励项目。大学的学科奖励也有两种，针对专业学术人员和针对学生，是伴生学科评价的一种学科制度。大学中学科奖励的依据是学科发展的要求及教育培养目标。对于学校来讲，设立奖励机制，其产生的实际结果在于证明学校的学科人才培养是按照学科的要求和培养的目标进行的，其中一部分学生的学业表现突出，而且这种评价奖励措施强化所有的学生都遵守学科所规定的基本要求，鼓励学生上进。对学生而言，达到学科所规定的基本要求，是获得专业背景的基本条件，是接受大学教育的标准，达到学科规定的基本要求成为学生形成专业自觉的准则。尽管在学科教学过程中，是按学生的心智发展特点和学生的个体特征安排教学框架、调整教学内容，可是在由教师执行的学科教学活动正式进行之前，已然完成了知识与学生之间的衔接，知识不是杂乱而不确定的，人对知识的认知是结构严谨而有序的，这是学科规训的结果，为了实现知识的有效传播与发展，结合人的认知特点及学科发展的内在逻辑，学科制度在此基础上逐渐形成，指导大学的教育教学及人才培养活动。如果超越学科，从社会的角度来说，学科帮助人们完成了对知识最有效的认识，并延续了社会持续发展的源生动力。当社会的发展更加精密和快速时，社会对这种源生动力的需求则愈加强烈，那么对人才培养活动的干预程度亦即加深。在大学里，人才培养目标、学生学业评价、学科发展的走向等不同程度地反映了社会的需求意愿。在人群中形成了反映当前历史阶段社会主流价值的社会话语，这些方面是人的发展和学科发展遇到的新境况。具有社会特性的话语成为大学生活中影响大学生创新素养发展的另一代表性因素。

三、话语：大学人际交往生活与文化生活中的无形之手

（一）对话语的理论阐释：符号互动论的视角

大学生如何在大学生活中生动地安排其日常生活，通常与哪些人交往，做哪些事情，有哪些情境、话语、想法影响或改变了他们，有哪些

事件引起了他们情感的波动或共鸣，他们会如何安排今后的生活等诸如此类的问题，只要去观察和了解，每个问题都会有答案。但为什么会有这么多不同的问题和现象让我们感兴趣，是什么使性格特征各异的个体在不同的社会生活情境中吸引他人、被他人吸引，实现话语表达、信息传递与交换，并在交互的对象之间进行话语意义的建构、反馈、重构。某一群体中或整个社会中的情境是历史的、变化的，但个体之间建立在话语意义分析基础上的交往，无论是直接的还是间接的，都是个人与社会发生联系的必然。与人的社会交往活动相关的现象和问题，符号互动论则在理论层面给我们更多的启示。

符号互动论（Symbolic Interactionism）以美国社会心理学家乔治·赫伯特·米德（Mead·George Herbert）为奠基人。在米德那里，"人际互动"表义符号"客我"是使人这种生命有机体在社会生活中获得社会意义的关键词。首先，人际互动是人的社会活动的基本方式，生活在某一社会群体中的个体之间在互动的社会活动情境中相互参照，调整举止行为，也就是说，在交往互动中任何一方所传递的某些方面对另一方而言将变成某种刺激，并针对这些刺激调整自己，而这种调整接下来又变成对前者的刺激，使他改变自己的活动并进行另一种活动。人们经验范围内的所有事物由各种意义符号代表，人们所共享的意义符号，成为社会个体之间进行有意义交往的中介，这种有意义交往就体现在它将人的一系列认识态度在统一理解的基础上几乎分毫无差地反馈给交往对象，引起对方的反省、态度的变化、认识的转变和行为的调整，且这种情况对应于互动双方。人的社会意义的获得是循序渐进的，是在社会交往和与他人的互动过程中通过解读表明他人态度的意义符号，对自我行为不断修正的基础上获得的。人属于某种社会结构和社会秩序，个体自我的发展、个体在自我经验基础上的自我意识发展，与他所从属的社会群体是密不可分的。第二个关键词"表意符号"在米德的理论中有特定的解释。符号是指所有能代表人的某种意义的事物，包括非言辞的姿势、非言辞的交流、言辞的交流（语言、文字）。一个事物之所以成为符号是因为人们赋予了它某种意义，而这种意义是大家公认的。表意符号可以实现人们之间的复杂交往。人们之间的互动是以各种各样的符号为中介进行的，借助于符号人们可以理解他人的行为，也可以借此评估自己的行为对他人的影响。在米德的理论中，符号是社会生活的基础，人们必须通过符号进行互动。第三个关键词"客我"是米德沿用了詹姆斯（James）提出的两个概念"主格的我"与"宾格的我"，前者指个体的冲动倾向，后者则代表行动完成后所获得的自我形象。依据此对概念，米德把自我分成两部分，即"主我"与"客我"。"主我"是个体对他人态度的无组织的反应，即行动的自发意向或冲动。"客我"指从局外人的视角出发，个人自我反思对他人有组织的态度，即个人已经从他人那里学到的有关自身的看法或观点，它指导着社会化个人的行为，自我的这种性质将他人的影响引进个人意识之中。个体既发挥着能动性，也受到他人态度和期望的影响。总之，在米德的符号互动理论中，充分表达了人的自我发展与社会互动维度、符号维度密切相关，即个人采纳他人的态度，依赖具有共享意义的符号进行反思，达到自我社会化的成功转变。符号互动理论对于研究大学生活中大学生群体的社会交往形态及由此带来的学生意识、态度、品格、行为变化的影响中介——社会话语体系具有指导意义。

（二）话语在大学非组织化生活中的作用

如果仅考虑育人功能，大学的组织化生活与大学的非组织化生活之间没有严格的区分和界限，都是通过实践交往活动帮助学生构建知识体系，训练他们的日常思维，使他们获得思想道德成长及各种实践能力和内在素质的发展。但如果考虑对人的影响方式，则大学的组织化生活与大学的非组织化生活则各有侧重。大学非组织化生活主要指大学的人际交往生活和大学文化生活。大学组织化生活指在大学教育中，教育者和受教育者共同参与，有目的、有计划地运用教育影响，采用各种影响人的教育方式、方法及手段实现教育目的的行为、方式的总称，是一种引导或促进受教育者身心向预期教育目标转化的目的性行为的总和。大学组织化生活强调目的性、计划性和各种教育影响力量的协调性，是大学在其发展变迁过程中沿袭下来的具有强大影响作用的育人传统，体现校方在大学育人活动过程中的组织、领导作用，并受到相关职能部门的评估与监督；大学非组织化生活指在大学阶段大学生在正式的学习活动之外所展开的全方位的综合活动形式与活动状况，包括政治参与、课外学习活动、交往活动、课余休闲活动等，强调活动的过程、形式、结果与主体参与性。相比于大学组织化生活，大学的非组织化生活的时空走向更加灵活和开阔，内容更加丰富，形式也非常多样、自由。大学非组织化生活综合、直接地反映学生的发展状态及其特征，这是因为活跃于大学日常交往与实践中的是大学生群体，大学生处于自我意识、求知欲及心理发展的萌动时期，大学非组织化生活反映大学生这一特定群体的日常交往、实践等活动状态，在这里制度和一切评价考核不再占据核心地位，而文化、环境及学生的自然交往行为成为主要方面。大学非组织化生活反映在知识学习之外的活动中大学生意识、行为、品格等方面的发展变化情况，了解了与学生的人际交往和文化生活相关的大学非组织化生活的主要内容、特征，可以帮助人们发现大学生成长和社会化过程中引起学生变化的重要影响因素。

实际情况是，大学教育对人的影响作用同时表现于大学的组织化生活与非组织化生活之中，二者是相互结合的整体，无法割裂。在这里，为了分析的需要，故将二者分开来讨论，以通过现象学的方法，找到合理的理论线索，梳理出反映大学教育对学生创新素养养成影响情况的考察内容，通过社会学的研究方法：访谈法、参与观察法、话语内容分析法、问卷调查法等对大学教育的实际情况进行考察和分析。

大学非组织化生活对学生的影响主要在大学生日常交往的互动过程中体现出来，同时与大学生活资源的多样性有关。

大学生群体自我意识和认知欲望比较强烈，正在经历学习和汲取社会经验、各种思想技能的特殊时期，他们对未知事物是不设防和开放的，他们的大部分时间、精力基本投注于知识的学习和与知识的学习有关的其他活动之中，包括各种实践认识活动、交往活动、休闲活动等。大学生利用身边的现实场景与各种表演舞台，通过多种渠道和方式积累经验、收集各种信息等；在大学的文化背景下及日常的认识与交往过程中，表露自我的态度、意愿，形成自我认同的价值观和道德观，并随时代和社会的前进不断超越与创新。

教育和研究资源、校园网络、校园文化都是大学生交往实践中的重要资源。首先，教育活动的组织者——具有不同专业兴趣的教师是大学教育中的珍贵资源。除此之外，由教师或教授组织的各类研究和与学生共同分享的各种已问世的研究结果等也是大学独有的资源。另外，大学的教室、图书馆、实验室、活动中心、网络中心、体育场馆等场所也是大学为学生提供的重要资源，这些场所是大学构成中不可缺少的硬件设施，是大学生接受有效培养和训练的必要条件。教室、图书馆、实验室、网络中心是学生进行学习和科研活动的重要场所，学生需要借助这些场所提供的各类资源完成自己学习目标和探索计划。设施完备、项目齐全的大学生活动中心、体育场馆、健身中心等则为学生提供了休闲、健身、娱乐、交往的条件。其次，在大部分大学，校园网络已连通学生所能到达的任何地方，图书馆、教室、宿舍、食堂、大学生活动中心、学术吧、咖啡吧等随处都有网络可用，为学生提供了便利的网络资源，营造了一个随时获取信息和进行交流的网络环境。优质的电子网络资源对学生信息量的扩大、信息的获取与检索及与国内外大学之间进行资源共享都提供了便利。大学在这方面的投入是非常可观的，因为优质的电子网络资源是进行学术活动和培育学生学术探究兴趣的重要条件。网络成为学生学习和生活中的重要方面，学生通过网络不仅可以进行与学术有关的各种活动，还可以通过网络构建自己的"话语体系"，如 BBS、人人网、MSN、QQ 群等都是以学生为主力军的交流平台。另外一个资源就是校园文化。校园文化指学校师生的课外文化活动、校园精神及培育这种精神所需要的文化环境的总和，即指除教学、科研以外的一切文化活动、文化交流、文化设施及由此而产生的思想文化成果等。在这个系统中，学生是校园文化的主体，学生是校园中人数最多、思维最活跃、最富活力的群体，校园文化对学生的影响作用也最为深远。大学校园文化对大学生的精神气质、人文素养及行为举止等具有规范和导向作用。校园文化对大学生的影响超出了学校常规教育程序的范围，它对充实大学生生活、调适大学生心理、引导大学生行为选择等有着重要作用。校园文化在学生的日常生活和交往中反映出来，校园文化中的优良校风引导着大学生在日常生活与交往中的活动方向；校园文化通过熏陶、激励、引导、协调、约束等方式，直接教诲或潜移默化地作用于大学生群体和个体；运用模仿、暗示、认同、从众等心理机制，将校园文化中的精髓内化为学生人格中的组成部分，为达到人才培养目标起到助推作用。校园文化具有鲜明的现代教育的特征和大学生群体特征，从而才能够对特定时期的特定学生群体产生深刻稳定或潜移默化的影响，大学生活离不开校园文化的引导，也无法摆脱校园文化的影响，校园文化独具魅力，为学生的成长营造一种气势庞大的氛围和成长空间。

三、大学人际交往与文化生活中的话语体系

大学生活是特定社会成员（大学生群体）在特定的社会场所（大学校园）的一切与人的生存、生活目的及需要相联系的社会活动、交往情境的集合体。在这个社会性的以大学生为代表的小群体情境中，在他们的活动、交往、情感互动中会流露出以文化为预设，以个体间的交往互动为生成过程的具有集体个性的话语体系。大学生是大学教育的主体，在大学日常生活中，与这一主体具有社会联系的常涉对象是他们的同伴、老师与父母，某些社会职业团体也有部分介入。大学日常生活中的交往方式除了面对面接触的日常交往，还有借助媒体网络进行的网络交往。

大学生活中融合了大学生进入社会前社会角色预演的机会，以及社会各种文化价值的公共观点。可以说关于文化的、思想的、道德的、科技的、政治的、行业团体的甚至是来自家庭的代际传承影响都将与大学生活中的学生个体发生碰撞，在他们的内心深处留下印记，对他们正在形成的人格带来社会认知经验。大学生活中的这些复杂影响因素对学生个体的影响是随机的、无目的的，这些因素不是结构性的同时作用于所有的学生个体，有些因素对某些个体产生影响，而某些个体则不会有机会受到某些因素的影响，或是受到其中的某个或某些因素的影响深刻。大学日常生活能够对个体产生显而易见影响的原因，除了已经说过的交往互动、他人映射、交往实践情境因素之外，另一重要原因是包含价值判断和价值倾向的已经存在于大学生群体中的话语体系在人的主观意识

活动过程中的优先权。

按照《新华字典》[①]的释义，话语被认为是特定共同体中社会关系和社会存在的呈现"话语"概念，强调语境、言说者的身份及话语立场，隐含着不同话语之间的话语权之争。"话语"作为建构事物或现实的"一套意义、表征或陈述系统"，话语是构成社会文化的活动因素之一。话语折射和反映说话者的社会权力和地位，具有明显的社会的、历史的、文化的维度。在这里，"话语"具有作为社会存在意义上的对社会群体的客观约束力和影响力，"话语"存在于大学校园中，以其特定的内涵和形式表达已约定俗成的标准及与"话语"相关者身份相符的话语立场。

大学作为组成社会系统的一个单元，体现一定的社会性，在大学教育中存在一种话语体系。话语一旦产生，即刻就受到若干程序的筛选、组织、控制和分配。在大学校园里，会形成影响其中的各行为主体活动的潜在模式、秩序，即话语系统。话语内生于特定共同体中，在功能上具有潜在的牵制与约束作用。大学生群体中也存在与他们的生活、学习、交往及社会活动的方式相对应的话语体系，它在情感和思想层面上对人产生规约，尽管它是一种表面上无行为人控制的隐蔽系统，但它反映社会中的真实权力，它隐藏于制度、知识、理性之中。大学教育情境中的话语体系对大学生所产生的影响力在大学生与教师、大学生与同伴、大学生与家长、大学生与网络媒体的互动中体现出来。

---

① 新华辞书社编辑. 新华字典 [M]. 北京：商务印书馆，1957.

（一）师生间交往的话语体系

师生交往中，教师一方是知识、学术的代言人，是道德品行的示范者，与学生的交流多与道德修养、学习成才等内容相关，且以引导者和师长的身份出现在交往活动中。作为学生向导的教师对于学生的学习生活、日常生活及今后的职业生涯的选择与发展都会给予明了的、客观的、有意义的指导、评价、建议。在学生眼中，教师的见地、教师的评价、教师的意见代表权威，具有前瞻性，反映社会发展的动向。教师的话语、教师比较系统和高位的评价会带来大学生价值观的建立、调整，并使学生对自己的行为做出调整。在师生交往中，话语体系建立在价值、理想、道德及学习等话题的基础上，大学生在交往中学会了对非个人规则和权威的遵从，在交往中表现出合作性和独立性。

（二）同伴间交往的话语体系

大学生同伴之间的交往是指大学生这一特定群体之间的交往，这一群体在交往过程中建立了符合其群体角色的话语体系，比如，与学业相关、与成长有关、与情感有关、与群体归属和认同有关。群体交往中形成的话语体系对其中的学生个体在意识观念及行为方式上都会有控制和调节作用。在大学生群体中，同伴之间相互交往是具有主体性意义的活动，他们彼此交流思想、传达信息、表达感情、建立关系、了解他人、认识自我，并在这一系列的互动行为中形成了大学生群体中主流的话语立场、话语范式，即大学生群体相互间交往的话语体系。这一话语体系具有一般的抽象意义，代表当下这一历史时期，大学生群体中主流的价值体系、价值观念，并通过话语立场、话语范式集中体现，对大学生群体中的每一成员具有社会存在意义上的客观约束力和影响力。

对大学生群体来说，他们具有相似的群体特征，他们年龄相仿，处于相同的发展阶段，在社会中的地位几近相同。大学生之间交流的话题广泛，交流的时间自由，没有过多的社会角色带来的压力感，同伴之间能较为独立地交流，他们之间有合作，也存在竞争，有分歧，也会产生共鸣。

大学生个体在大学情境中的身份、角色基本相同，所承担的主要任务和面临的主要困难也有相似性，比如大学新生，他们会有尽快熟悉和适应新的学习生活环境的要求，会有角色和学习方式转变的困难等。在这种情况下，学生之间会表现出合作、互相帮助及意见上的相互认同，齐心协力克服共有的困难。尽管大学生群体具有其显著的群体特征，但多元的个体特征同时存在，这时交往会对个体带来潜移默化的影响，在共同的话语体系的规约下，使个体对自我意识、行为等在这一话语体系下进行判断和选择。

大学生同伴之间交往，彼此会受到来自对方的影响，受到来自群体话语体系的影响。同伴之间的交流、对话有可能是建立在认识统一基础上的，也有可能是建立在认识分歧之上的，如果是第二种情况，就会出现交往双方之间的博弈，是双方见解和认识上的分歧带来的博弈。当其中一方的见解和认识代表了大学生群体的话语立场、话语范式，博弈的结果是，另一方很大程度上可能被改变，他们要得到群体的认同，首先要在代表群体主流价值观念的同一话语体系下进行对话。

（三）与家长交往的话语体系

大学生与其家长之间天然地存在亲缘性的交往关系，是一种依附性的交往。在交往中，学生受到来自家长的指导或要求，学生的日常行为和社会性的活动摆脱不了家长的监督和干预。与家长有关的阶层、经济状况、生活方式、文化教养等方面的综合特征对学生有极强的渗透力和塑造力。在与家长交往中，学生对家长表现出很大的依赖感，家长则表现出一定的权威，学生的心理、个性、行为等都会受到来自家长的影响。

学生与家长交往中形成的话语体系，代表家长的意识、意愿多些。在学生个性社会化过程中，家长是其中的执行者之一，家长通过代表其意愿的"家长话语"介入学生的学习、生活、情感及成长过程中。"家长话语"是家长站在代表自己社会阶层、社会身份、社会职业的角度，表达出的关于社会的（包括文化、伦理、道德、价值观的）一般意义的认识。家长传递给学生的关于社会的认识信息中包含了社会功利的色彩，对于学生好奇心、独立性、坚韧性的创新品质的养成来讲，这种社会功利性是不利的方面，学生的好奇心、探究能力需要在自由、开放的话语氛围中养成。

（四）来自大众传媒的话语影响

大众传媒包括网络、报纸、杂志、影视、广播等，如此多的传媒形式及多元的传媒文化可能会给学生获取有用信息带来干扰，干扰大学生对社会事件做出正确的判断，对自己的理想目标做出正确的选择。大众传媒大多只计社会影响力而不计影响力的正负效应，由此导致低俗文化元素不断流入大众眼目，模糊了理性与偏见、权威与世俗、进取与堕落之间的界限，大学生在这里容易迷失自我。

不同形式的大众传媒，尤其是网络已成为大学生生活中重要的趣味餐，大学生有大量的时间和机会接触网络，网络面向大众，在网络被大众广泛使用的过程中，网络文化亦随即产生，网络文化通过网络话语被改写和强化，被众多人接受，包括大学生群体。在网络上被宣传的人物、事件等被许多大学生当作模仿的对象和参照的范例，使其本有的价值观念受到低俗文化元素的影响，抵触诸如学校这样的社会化主体所教导的价值观念。学生的社会责任感、进取心、对引领社会进步、对新奇事物的探索精神很容易在低俗文化的冲击中消散。

四、话语体系的影响力量

师生间的话语体系、同伴间的话语体系、与家长交往中的话语体系、大众传媒的话语体系是大学生社会交往中能够对其意识、行为及发展带来影响的几种话语体系。这些话语体系同时对学生产生影响，有积极的影响和消极的影响两方面。

积极的影响：话语体系是大学生日常生活中能够对其带来显著影响的社会影响力量之一，话语体系同学科规训是帮助人们了解大学教育的理论工具，学科规训解释了大学教育中与大学生的知识积累、认知能力发展有关的专业学习活动的传统、目标及目标实现方式等形成的最终缘由；话语体系则从构成人的日常交往行为及能够调整人的表现状态的话语范式的角度帮助人们了解大学生的意识、个性、品质养成的社会背景。大学生的身心变化、身心发展就是在这个社会背景中发生的。这个社会背景对学生的创新意识养成、创新品质的养成可能会带来积极的一面，体现在是否激发了学生主动怀疑、主动投入探索和主动实现自我创造目标的内在动机，是否帮助学生形成了自身独立、自信、坚忍不拔、专注、敏锐的品质。

消极的影响：由符号——话语带来的互动较大地受到社会背景的形塑。大学生在日常交往过程中，自然也会受到社会背景的形塑，话语体系是实现这种形塑的客观力量，话语体系有可能对学生本有的创新潜能的发展产生积极的影响，也有可能带来不利的影响，比如，师生间的话语体系如果过分强调知识、规范、纪律的作用，忽略学生人文品质、多维思维方式的发展，则不利于学生大胆表达、大胆思考、大胆实践和改造；大学生群体中同伴间的话语体系若不能体现学生能力素养发展的需要，不能表达积极的、向上的、进取的、利公的话语观，也不利于学生发展相关的能力、素养，不利于形成学生求真、求实的价值理念和追求；与家长交往中的话语体系往往表达了家长一方的话语立场，以谋求高职位、高收入、有保障、有社会特权作为学生未来发展的目标和着眼点，在这样的话语体系里，学生不再注重发展自己的兴趣，不会在自我兴趣和爱好方面有所突破和贡献，他们努力学习，但仅仅将学习作为谋求社会职位和权力的工具，学生在自我发展中将失去"自我"；来自大众传媒的话语体系如果过分宣扬代表社会功利性一面的世俗文化，而不注重宣扬民族文化的精髓，不向世界先进文化看齐，不推动国内创新文化的发展，那将不会给进步成长中的青年学子予以有精神品位和社会价值的文化给养，无形中抵制了青年学子创新意识的形成和创新品质的养成。

大学生在接受大学教育过程中，一方面要根据学校的学习培养计划学习相应的学科课程，参加学校的学业考核和水平认定考试，获得所规定的学分，达到取得学位的学业能力要求，这是所有大学生都经历的大学组织化生活。另一方面，在紧张的学习生活之余，大学生可以按照自己的实际情况安排自己的课外生活，有满足个人需求的课余休闲活动、交往活动、社会实践活动等内容，学生参与活动的意愿、过程、形式都不是在学校的学科制度规定下统一进行的，更多地体现学生的主体性及个性特征，学生的认识体验更多地来自与他人的互动交往及个体的实践活动中，这便是大学生在大学教育中的日常交往与实践。大学的组织化生活与大学的人际交往生活、文化生活构成了大学生活的两个方面，大学生正处于青年时期，处于这一时期的大学生，他们思维较为敏捷、求知欲较强，信息来源比较广泛，他们渴求在接受科学文化教育的同时，在日常生活中丰富自我角色，打开视阈、接受新思想和新观念，培养自己适应社会的各种能力。大学的组织化生活展现给大学生的是体系严密、逻辑严谨、学科专业性突出的科学世界；大学的人际交往生活、文化生活提供给大学生的是一个实践交流的大舞台，学生在互动交往中迸发出思想的火花，感受话语传递给他们的体验、感受、意义。学生可以使用话语来表达和理解表达。以上两个方面交织在一起共同陪伴大学生的成长，对学生各种能力的发展，包括创新素养的发展都起到一定的影响。

第二节　大学生活的现实考察

一、考察的要点

（一）与学科学习相关的方面

大学生学习生活与学科学习有密切相关，学生的学习活动按照学科分类、学科制度及学校的相关规定有计划、有组织、有目的地进行。正是以学科学习为内容核心，大学生的学习生活则不同于其他形式的学习，是一种有序的学习形式。学科一方面指知识或学术的分类，一方面则指大学教学、科研等的功能单位，大学中的人才培养、教学科研、社会服务等各种功能活动都是在学科基础上进行的。大学集知识的传播、加工、生产、创新功能于一身，知识资源是大学教育提供给个人的最基本的方面。知识也是个体期望从大学教育中获得的一项重要内容。在大学教育过程中，知识通常以学科、课程、教学甚至是通过校园的各种活动来影响学生的。

学科、课程、专业、教学、科学实践（实验）、校园中的各种实践活动都与知识相关，或者直接由某类或某种知识构成，或者提供一种知识获取的方式和场景。我们可以把以上这些方面看作大学教育为学生个体创新性发展提供知识支持的具体方面，通过以上方面，学生能够直接获得或有可能切身感受和体验到某类或某种知识转化为个体的能力和内在发展的基本要素。

学科、专业、课程是知识在大学教育中的集中体现形式，是影响学生的条件要素。在学生开始系统的知识学习之前，大学首先按学科划分好了不同的专业，再根据不同的专业设置了相应的课程体系，学生再根据自己的专业选修课程，学生通过课程学习，实现了知识由外向内的内化反应。一定的学科知识体系构成了专业；专业培养目标、课程体系及专业人员是专业的构成要素；为社会培养各级各类专门人才是专业的目标。依据专业的构成要素及专业目标，学生的学习活动与知识之间才能建立起有效的联系。课程是学科知识体系与社会职业需要相结合的专业活动的内容和结构，是学生学习活动指向的直接对象。学科及与其相关的专业、课程等共同构成了大学生学习活动的中介。对学生的专业发展来说，课程中承载了最基本的知识内容、方法、技巧等，但同时将学生的知识视野局限于专业的范围和领域内，也就隐埋下一个不得不令人担忧的问题，如果在自己的专业之外，学生在知识应用转化方面究竟有多大的用武之地呢？专业的课程学习解决了知识学习的效率问题，却避免不了知识应用中的转化问题。专业课程学习提供了个人知识建构中的一种线条型结构，而应用知识对现实进行指导时，需要各种知识的相互转化，在这种情况下，则需要一种网状的知识结构。事实上，人们应该承认人的学习是从认识一种现象到认识另一种现象，从认识一类事物到认识另一类事物的循序渐进的不断积累的过程，从这个角度来说，大学教育为人的知识积累提供了一种相对合理的方式。

教学、教学实践（实验）、各种实践活动是大学教育中知识传递的方式，是影响学生的手段要素。这些影响学生发展的手段是根据学生的年龄特征、知识水平及学生的成长方式特征应运而生的，是教师和学生之间或学生独立实现知识个体化和个体知识社会化的过程。学生在这一过程中，认知水平会得到提高，认知范围也会不断得到扩展。在这种动态过程中，学生是活动的主体，各种学习活动、学习内容被系统地、按照递进的方式分层次地安排进教学活动中，形成了相对开放的系统面向学生，学生在这个过程中可以按照自己的接受水平进行系统学习和体验，当遇到了认知的盲点、疑点时，会有专门人员（教师、实验辅导员等）给予指导和帮助。当然，在这一过程中教师避免不了要对学生的实际掌握水平进行测评，而学生也要对此做出回应。这种诊断性测评能够使学生与学科课程（知识）之间保持一定水平上的平衡，同时可以为学生下一步学习提供方向上的指导，为学生的有效学习提供支持。

大学为学生提供了高深的专业知识及知识的教学、实践活动，这的确是提高大学生专业知识容量，对知识的认知由模糊状态发展为清晰状态的重要条件，奠定了宽厚的基础知识和专业知识基础。建立在这样的基础上，学生对专业的前沿问题、有争论性的问题及有待深入探索的问题具备可以进入其中的钥匙，当具备一定条件，可能引发学生对问题的深入思考和探索，成为可以激发学生创新表现的一种可能因素。

（二）与学校评价奖惩制度相关的方面

在学生创新素养养成过程中，学校评价奖惩制度中的许多方面都无形地产生惯性影响，构成大学教育中对人的能力发展和创新素养发展产生影响的重要因素。作为学校评价奖惩制度的一个重要方面，评价导向对学生创新意识和创新能力的发展在很大程度上具有方向上的引导作用，发挥着指挥棒的作用。这种指挥和导向作用通过两方面体现出来：一是教师的评价指向，二是学生的评价指向。

首先，从对教师评价的指向来看，如果以学生在考试中的表现和成绩作为评定的参考指标，而不是从教学全过程看教师在学生能力、意识、实践水平、思维方式变化等方面的影响作用，教师则在主观意识和实际教学中把学生的成绩作为首要的目标，而不是将学生整体素质，包括创新素养的提升作为自己工作内容和指向，学生在能力发展上受到教师指导方式的影响。

另外，从对学生评价的指向来看，如果以学生的知识和能力、智力和个性发展、认知和创新、理性和审美情感等各方面素质的综合发展作为学生发展评价的目标指向，不仅能够考查学生的学习效果，而且能反映出学生能力发展中的不足或缺失的方面，从而促使教师进一步改进教学，学生及时调整学习以达到相适应的发展状态。通过评价导向的引导作用，学生对自我认知能力、意志品质等方面的发展状态有一定的认识判断，从而加强学生的自我监督和自我调控的元认知能力。

对学生的评价如果站在发展者（学生）的角度而不是评价者的角度，如果是以学生的生长和发展为中心而不是以学生的适应为主，如果是鼓励和引导学生内在素质的综合提升、创新性素养的养成而不仅仅是成绩的提高和教学任务的完成，如果是以学生自主探究和情感价值体验的激发而不是以学生标准化的学习训练来实施评价，学生的发展将沿着自主、创新、全面的方向发展。

（三）与学生的交往实践相关的方面

大学生是一个非常特殊的群体，从其发展特征来看具有较强烈的自我意识，但在人格上又具有较强的可塑性，他们正处于自我个性养成的关键时期，大学对他们的人格形成具有深远的影响。大学生日常交往包括师生间交往、同伴间交往、与家长间的交往、网络交往等。

师生交往建立于教学关系之上，教师是学生学习的指导者，是大学生人格模仿的对象，师生在交往过程中共同成长，在长期交往中，师生之间会产生信任，教师的关心、鼓励在一定程度上增长了学生的自信心，让学生形成探求的心理和克服困难的意志力，帮助学生提高适应环境变化的能力。师生关系是影响学生人格养成的重要因素，与学生创新性的发展息息相关。同伴交往是在学习生活过程中形成的一种同伴间人际交往关系。同伴之间年龄相仿，有共同的发展需求和相似的内心体验，有更多交流和讨论的话题，在学习中有较多的合作与竞争，在意见和思想上的相互借鉴、批评也较多。在同伴交往过程中，每个个体对自我的关注程度、对集体的关注程度有所提高，个体的自我发展意识及求得集体认同的需求有高度体现，使他们养成了强烈的自我实现的意识，是个体人格养成中的影响因素。与家长间的交往建立在亲缘关系之上，家长对学生的要求和期望表现得更直接和持久，打破了客观条件的限制，交往间的信任度较高，对于具有强烈主体意识的大学生所产生的影响更深刻、更持久。网络交往具有多元的社会基因，给学生的价值判断和意识观念的选择造成困难，是影响学生内部话语意义形成和意识、行为发生改变的不可忽略的方面。

二、考察的方法、工具

（一）访谈法、参与观察法

为了能够获得关于大学生在大学校园中实际的生活、学习、实践、交往等方面的翔实资料，笔者分三个阶段分别进入五所大学（包括四所样本学校）做无结构访谈和结构访谈，同时进入大学生群体中进行参与观察。在第一阶段和第二阶段的访谈中，访谈对象是随机确定的，访谈的重点是对大学生组织生活及非组织生活的现实状况及其对学生个体的影响情况做一个基本了解；在第三阶段，访谈对象主要是有一定熟识度的在校大学生，他们的性别、年级、专业和学校是不同的，笔者采用集体访谈和个体深度访谈两种形式获取资料，访谈的重点是问题解决过程中尚未意识到的盲区，而学生自认为大学教育中对他们的知识结构、思维方式、创新品质具有深刻影响的方面。

采用实地观察法笔者也可以获得关于在校大学生在知识结构、认知方式、思维实践方式及其人格表现特征的直接的资料，对进一步认识大学教育在学生创新素养养成过程中所产生的影响结果提供线索。笔者置身于大学校园中，对学生的日常表现和活动可以随时进行观察。比如，观察学生在一周中学习比较集中的是哪几天，学生参加社团活动和社会实践活动的踊跃程度、频度及态度，学生在日常交往中的谈论话题有哪些，男女生的课堂表现、自习情况、在班级里各自表现出的特点等，都可以通过观察了解到。

（二）大学生网络论坛话语分析

网络交往是当代大学生社交的重要方式之一，网络上的交往工具有QQ聊天、ICQ、BBS、微信、微博、人人网、开心网等。在以上的网络交往工具中，本研究将选取BBS作为大学生网络论坛话语的分析对象。几乎大部分的校园网络都开设了BBS学生论坛。BBS（Bulletin Board System 的简称），即电子布告栏，学生注册之后，就可以在上面发布信息、参与讨论了。在BBS的信息发布和小组讨论中涵盖有不同内容的板块，学生可以根据需要在不同的板块下发布信息或参加某一话题的讨论。BBS上的人群以及人群空间比较特定，一般是同一学校的在校大学生，他们有基本相似的环境背景，交往信息和交往话语可信度高。

要对大学生BBS网络论坛的话语进行分析，首先要确定分析的单位、界定样本抽取的时间界限、确定抽样样本。其次，按照研究的目的和特定的标准确定样本的编码体系。最后，按照编码体系对抽样样本进行数据统计并分析得出结果。

大学生 BBS 网络论坛话语分析的单位：信息发布记录和讨论记录。

大学生 BBS 网络论坛信息发布记录和讨论记录抽取的时间范围：2019 年下半年至 2020 年上半年大学生 BBS 网络论坛中发布的信息记录和讨论记录。

大学生 BBS 网络论坛信息发布记录和讨论记录的样本抽取：抽取2019 年下半年至 2020 年上半年某市 D 大学大学生 BBS 网络论坛和 C 大学大学生 BBS 网络论坛中发布的聚焦校园活动和校园生活的信息记录和讨论记录。

大学生 BBS 网络论坛话语分析抽样样本的编码体系：抽样样本按两个层次编码并在此基础上收集信息。第一层次，按类别对大学生网络论坛发表的信息和讨论记录进行归类；第二层次，对不同类别的信息和讨论记录按浏览率高低归类。

大学生 BBS 网络论坛话语分析抽样样本的数据统计与分析：关于大学生 BBS 网络论坛话语分析将在对发表信息及讨论记录的分类基础上，再按照大学生对不同类别话语所持的态度这一维度进行分析，按照肯定与否定两方面的态度表现归纳对学生产生影响的方面，大学生 BBS 网络论坛话语抽样样本的数据统计及结果分析将在后面专门呈现。

创新素养特质主要通过知识结构、认知能力、创新意识、创新思维及人格这些方面表现出来，具有创新特性的人一般来说，掌握的知识结构合理，具有综合的认知能力，具有善于破旧立新的创新意识，具有打破思维定式的创新思维，还具有包含创新潜质的人格。

贯通的知识结构：知识结构作为创新素养构成的重要方面，在内容上要求尽量最大化，掌握一定的理论基础知识，深厚的专业知识，广泛的临近学科知识、科学技术发展前沿知识及在实践中积累的默会知识，并能做到各类型知识（包括基础知识、专业知识、哲学知识、方法论知识、创新技法知识）的灵活转化与应用。知识结构的合理程度直接影响创新思维的流畅性、变通性、新颖性。

综合的认知能力：认知能力是人们成功完成各种实践性活动最重要的心理条件。认知能力通过观察力、记忆力、想象力、思维力、操作力这些方面反映出来。组成认知能力的各个方面联合作用于主体的认知过程，在个体间形成差异性表现，从而也对人们的创新能力发展产生不同程度的影响。实现创新需要敏锐、准确的观察力，需要敏锐、准确、持久、广度大的记忆力，需要丰富、灵活、独特、新颖的想象力，需要灵活、批判、综合、抽象、广袤的发散性思维力，还需要较强的操作实践能力。

善于破旧立新的创新意识：创新意识不同于一般意识，怀疑、超越、破旧立新是其根本表现；进步、发展是创新意识的价值要求；使人得到美的享受是创新意识的追求；感性与理性的统一，显意识与潜意识的统一，智力与非智力的统一，知识与道德品质的统一，灵感直觉与分析综合的统一，各种具体意识创新品格的有机统一是创新意识的最突出特征。

创新意识有利于创新活动的发生、进行和完成，是创新活动的反映，亦是创新活动的动力。

发散和可转化的创新思维：创新思维指主体在实践经验基础上，通过超常的思考方式，产生独特新颖认识成果的心理活动；从信息论的角度看，创新思维是大脑对内外信息进行加工改造，发现新问题，产生新关系，形成新组合、新模式的活动过程。实现创新需要有突破性、新颖性、独立性、综合性、辩证性及开放性的创新思维方式。

具备创新潜质的人格特征：一个人创造性的发展及其显露，与其人格特性之间有极其显著的关系。根据各种研究和研究比较发现，具有创新潜质的人有着共同的人格特征，他们通常有强烈的求知欲，极为丰富的想象力，对未知的事物怀有强烈的好奇心，敢于探索和发现，独立自信，不从众，坚韧不拔，执着追求自己立志实现的各种目标。以探奇猎新为动机，为了满足自我求知欲望并坚韧不拔的强烈程度是常人所不能达到的，这是创新个体人格特征中无法改变的、最稳固的部分。

第五章 智能时代高等教育转型发展思考

第一节 人工智能背景下如何建设世界一流职业院校

一、人工智能为代表的新一轮科技革命和产业变革的特征

2016 年 3 月，谷歌公司开发的人工智能 Alpha Go 战胜韩国围棋世界冠军李世石，成为里程碑式公共事件。这一事件刷新了社会对人工智能的认知，成功使之再次成为社会话题的中心，掀起了人工智能热潮。从 1956 年达特茅斯会议开始，人工智能发展已 60 多年，目前正处在人工智能浪潮的第三波。和前两波不同，这一波人工智能热潮中，人工智能技术已开始广泛渗入和应用于诸多领域，包括社交媒体、工业自动化、电子商务、交通出行和物流、安防、医疗和教育等，展现出巨大潜力。几乎所有人都隐约感觉到，一个新时代即将来临。在人类生产发展历史长河中，人类曾经用畜力、机械力、电力替代人力，而在即将到来的时代中，人类引以为傲的智力会被"外包"和替代，这种替代将以超越以往经验的速度发生，这将意味着什么？

（一）大量工作岗位会消失

BBC 援引牛津大学学者 Osborne（奥斯本）等关于"人工智能对未来职业的可替代率"数据体系进行职业预测：不光那些可通过标准化训练的人才，如电话销售员会被大量替代（可替代率达 99.0%），连"程式化强、重复性高"的高级脑力工作如会计师也会被大量替代（可替代率达 97.6%），只有那些强调"创新、沟通和深入思考"的工作如软件开发人员被替代的可能性较低（可替代率仅 8.0%）。仔细观察和分析这些可能要消失的工作岗位，不难发现，职业院校目前培养的学生所从事的岗位与这些即将消失的岗位有很高重合度。更深层次的问题是，工作岗位大量消失之后，数量庞大的劳动者是否有途径通过再培训掌握新技能、重新就业？麦肯锡为中国发展高层论坛 2018 年会提供的报告指出，到 2030 年，多达 3.75 亿劳动者，或相当于 14% 左右的全球劳动力需要更换职业类型，而中国就有近 1 亿人。

（二）大规模个性化定制

手工业时代，个性化定制是最流行的生产方式。随着规模化、标准化流水线大工业生产的实现，围绕客户个性化需求的定制很难实现。当前，随着人们消费水平的提高和消费观念的升级，越来越多的消费者不再满足于千篇一律的标准化流水线制式，个性化、多样化消费需求渐成主流。这种情况下，适应消费者个性化需求的大规模、个性化定制越来越受到人们的关注和青睐。表面上，个性化制造模式下的客户需求是零散的、非标准的，但将规模巨大的需求整合起来之后，便可基于大数据技术分析、聚类并挖掘其中的深层次标准，将"零售"转化为"集采"，并通过智能制造满足众多客户的个性化需求，达成定制领域难以实现的客户规模效应。可见，借助人工智能技术，可实现生产过程由单一、重复的流水线生产模式转变为大规模、个性化、自动化的智能制造模式。

（三）制造业服务化

从制造业发展看，无论是美国的先进制造业计划，还是德国工业4.0，以及我国"中国制造2025"，都将服务型制造或制造业服务化作为未来制造业发展的方向之一。所谓服务型制造，是制造业企业从投入和产出两方面不断增加服务要素在生产经营活动中的比重，从而实现向消费者提供"制造＋服务"一体化解决方案、重构价值链和商业模式的全新生产经营方式，进而在产业层面表现为制造业与服务业融合发展的新型产业形态，这种新型产业形态既是基于制造的服务，又是面向服务的制造。如GE公司（美国通用电气公司）将大量传感器安装在飞机发动机上，运用最新人工智能技术，实行实时智能分析和智能控制，提供精准维修保养服务。在此基础上，GE公司开展按小时支付的租赁服务模式，对发动机提供终身服务，企业从服务得到的盈利大幅提高。

（四）人类社会将进入精神世界

1999年消费互联网刚兴起时，绝大多数人很难认识到未来5~10年互联网将彻底改变人类的生活和工作方式，衣食住行工作娱乐等各方面都将无法脱离互联网。这就是科技带来的颠覆性，未知远大于已知。由于智能制造、智能服务取代人类大量的工作岗位，而人工智能不需要休息、也不需要薪水，将大大提升企业运转效率，人类的物质财富将极大丰富。同时，人工智能可让人从繁重劳动中解放出来，闲暇时间将越来越多，人类有更多时间去思考哲学问题、陪伴家人、出门旅游，感受精神世界的美好，将物质财富的创造留给"更能干活"的机器。不妨大胆预测，未来人类社会将会超越物质世界进入精神世界。

二、人工智能给职业教育带来的机遇和挑战

面对人工智能的飞速发展，世界各国纷纷出台政策，以应对未来人工智能可能给社会发展带来的影响和变化。如美国发布了《为人工智能的未来做好准备》《国家人工智能研究与发展策略规划》《人工智能、自动化与经济》等系列报告。中国立足于自身国情和优势，出台了《新一代人工智能发展规划》《促进新一代人工智能产业发展三年行动计划（2018—2020）》《高等学校人工智能创新行动计划》等系列文件。人工智能的冲击和影响可见一斑，不容小觑。2010 年诺贝尔经济学奖获得者斯托弗·皮萨里德斯认为，人工智能将在技术及应用层面对人才的硬性技术和软性素质两方面能力，特别是对人才的创造力、情感沟通能力、解决复杂问题能力提出更高要求。人工智能将给职业教育带来怎样的挑战呢？

（一）历次科技革命和产业变革都引起职业教育转型升级

职业教育作为人类社会技能传承的有效载体，必然会受到工业革命

引起的技术革命的冲击,其办学主体、办学功能和具体形态都必将出现新的变化。手工业经济时代,以手工技艺为主要内容的职业教育在劳动现场开展,父子相继、世代"薪火相传",是学徒制教育形式,其职业教学内容与生产内容高度一致,教具即生产用具,教师即师傅。18世纪英国工业革命兴起后,大工业机器生产需要大量技术技能人才,而传统学徒制无法提供大规模的技术技能人才,这为学校职业教育提供了可能。18世纪中叶,俄德英法等西方发达国家相继开办现代意义的职业学校。19世纪60年代后期的以"电气时代"为标志的第二次工业革命,对技术要求的升级颠覆了传统人才标准体系,英美国家开始通过立法(如1889年英国《技术教育法》)将职业教育列入正规教育制度的组成部分。20世纪中后期,第三次工业革命出现,生产的主要特点是科学技术对生产的推动作用越来越明显,同时科学技术本身越来越复杂、越来越精密,生产对人才的要求也越来越趋向高技术、高素质,高等教育应势兴起。当前,新一轮科技革命和产业变革正在加速演进,职业教育面临新一轮转型升级。

(二)人工智能给高职教育带来的十大挑战

历次科技革命和产业革命都对职业教育产生重大影响,职业教育只有通过自身转型顺应科技革命和产业革命的需要,才能找准自身发展正确历史方向。我们初步判断,这次以人工智能为核心驱动力的科技革命和产业革命将给职业教育特别是高职教育至少带来十大挑战:一是高职教育培养的人才所对应的岗位会大量消失；传统意义的白领和蓝领的界限会越来越模糊，与之对应的工程、技术、技能人才的界限也会越来越模糊。二是随着技术迭代速度加快，高校毕业生不仅要掌握一门高技术技能，其职业生涯拓展能力也会越来越重要。三是随着物质极大丰富，闲暇时间越来越多，人类由物质世界进入精神世界，高职教育要关注学生的内心世界，关注学生的幸福感受，注重生活教育。四是随着大规模个性化定制到来，生产方式由标准化转向个性化，个性化人才培养越来越重要。五是随着生产方式由大规模标准化流水线工厂生产转向小批量个性化作坊式生产，决定创业能否成功的重要因素不再是生产要素的占有量，而主要是创新能力，因此创业门槛会大大降低。同时，由于就业机会越来越少，创业也许是很大一部分人实现人生价值的必然选择，创新创业教育会越来越重要。六是随着制造业服务化趋势越来越明显，技术技能人才不仅要与技术设备打交道，还要频繁与人打交道，其文化素质与综合素养将越来越重要。七是人工智能时代是技术创新决定一切的时代，科技研发和技术创新能力将成为决定一所高校地位的重要因素。八是随着技术迭代速度加快，工程技术人员再培训需求会越来越多，高校培训职能会越来越重要。九是随着科技和产业无国界的趋势越来越明显，高职教育仅服务于区域社会经济发展的传统将被打破，高职教育国际化步伐会越来越快。十是如何充分利用人工智能为学校管理及为教师教学赋能，如充分利用人工智能技术，使学校管理决策由传统经验决策转向科学精准决策，如以智能助手形式承担起教学环节中可重复性的、程式性的、靠记忆、靠反复练习的教学模块，让教师有更多时间和精力承担"人类灵魂工程师"的职责。迎接人工智能挑战的过程，是高校寻找自身发展新机遇的过程，也可能给中国高职教育带来实现弯道超车的机会。

三、人工智能条件下世界一流职业院校建设思路

产业发展水平决定了职业教育的类型和层次，现代职业教育是工业化的产物。回顾世界各国职业教育发展历程，职业教育的产生、发展和职能都是由工业化进程决定的。工业化背景下，世界一流职业教育公认在德国。当前，世界正处于工业化向智能化转型期，中国建设世界一流职业教育，不能按照工业化背景下的建设思路，因此不能简单对标照抄德国职业教育模式。如果照搬德国模式，即使成功也只是德国模式的中国翻版，只能是二流，更何况在工业 4.0 条件下，德国职业教育正悄然转型，我们从照搬那天起就已经落后了。人工智能背景下，世界各国职业教育站在同一起跑线上。从人工智能产业发展来看，目前中国人工智能产业已处于世界人工智能产业发展的第一阵营，不比德国落后。因此，中国建设世界一流职业教育的逻辑起点是人工智能的科技和产业背景，其机遇存在于如何破解人工智能给高职教育带来的挑战之中。

普通高等教育的世界一流有公认的世界标准和评价指标体系，职业教育的世界一流却找不到世界公认的评价指标。那么，建设世界一流职业院校是否有径可循？答案是肯定的。在工业化背景下，德国的职业教

育之所以被公认为世界一流，其根本原因在于，职业教育为德国社会经济发展做出了世界公认的贡献。不管是德国"二战"后经济在战争废墟上快速崛起，还是 2008 年全球金融危机爆发后，在西方发达国家经济哀鸿遍野情况下德国经济一枝独秀的亮丽表现，其背后的秘密武器都是德国的职业教育。同时，德国人能将职业教育总结为"双元制"职教模式，且不遗余力将这一模式向全世界推广，赢得了良好国际声誉，世界很多国家都复制了德国"双元制"职业教育模式。

我们认为，中国建设世界一流高校的基本思路是：在人工智能背景下，在应对人工智能带来的挑战中，高校为社会经济发展做出世界公认的贡献，包括培养能适应智能时代要求的技术技能人才，培养大批"双创"人才，在科技研发和技术服务方面为中小微企业提供高质量服务，为技术技能人员再培训及市民生活培训提供高质量服务等。在此基础上，总结凝练具有中国特色的高职教育办学模式和人才培养模式，将其向世界推广并赢得良好国际声誉且能够被一些国家和地区接受和复制。当然，高校要做出一流的贡献，赢得一流的国际声誉，必须有一流的保障条件。

四、深圳职业技术大学建设世界一流职业院校的路径与举措

自 1993 年建校以来，深圳职业技术大学始终高举改革创新这面大旗，始终坚持在服务国家战略和深圳经济社会发展中谋求自身发展。如今，站在新的历史节点上，面对前所未有的机遇和挑战，深圳职业技术大学提出要率先建成中国特色世界一流职业院校，为经济社会发展做出一流

贡献，提升中国职业教育的国际影响力，为世界职业教育发展贡献"深职方案"。2019—2023 年，是深圳职业技术大学中国特色世界一流职业院校建设第一阶段，学校按照"一流贡献、一流模式、一流声誉、一流保障"的思路，主要实施一流技术技能人才培养、一流创新创业教育、一流应用技术研发、一流社会服务、一流国际影响力、一流院校治理模式、一流师资队伍、一流基础设施和一流大学文化九大一流行动计划，努力探索形成可复制可推广、具有中国特色的职业教育新模式，初步建成中国特色世界一流职业院校。

（一）为国家和区域经济社会发展做出一流贡献

1. 将深圳职业技术大学建设成为适应智能时代的技术技能人才摇篮

适应智能时代的技术技能人才如何培养？就是要从培养技能人才转向培养知识型、创新型技术技能人才，或者要从培养"机器的奴隶"（工业化时代人是围着机器转的）转向培养"机器的主人"（智能时代机器是围着人转的）。具体来说：一是加快推动学科专业转型。核心是要与掌握前沿技术的一流公司合作，如深圳职业技术大学与华为技术有限公司、中国平安保险（集团）股份有限公司、招商局港口控股有限公司、中兴通讯股份有限公司、深圳市腾讯计算机系统有限公司、比亚迪股份有限公司、阿里巴巴（中国）网络技术有限公司等紧密合作，共同制定专业标准，共同开发课程。一方面增设云计算、大数据、人工智能等新兴专业，另一方面加快传统专业的转型升级，如将金融类专业转型为金融科技类专业。同时，加强人工智能通识教育，将传统"计算机基础"课程改为"人工智能"通识课，每个专业的学生都要结合自己的专业学习人工智能的基础知识。二是加快推动人才培养方式转型。随着技术迭代速度加快，高校仅教会学生一门技术使其具备初次就业能力是远远不够的，除就业能力外，还要培养学生的职业生涯拓展能力及幸福生活创造能力，为此深圳职业技术大学实施"六融合"人才培养模式改革，以学生学习成效为导向（OBE），推进产教融合、职普融合（职业教育与普通高等教育的融合以应对白领与蓝领的融合）、理实融合（课程建设的理实一体化，以实现做中学、学中做）、教育与生活融合（教育即生活、学校即社会）、技术与文化融合（加强文化素质教育，提升学生文化素质和综合素养）、现代信息技术与教学融合。加快智慧校园建设，用AI（人工智能）技术解决阻碍教育走向个性化的关键问题，如通过智能搜索引擎解决培养方案个性化的问题，通过学习分析技术解决教学过程精准化的问题。

2. 将深圳职业技术大学建设成为企业家的摇篮

在人工智能背景下，"双创"是部分高校毕业生的必然选择。深圳职业技术大学不仅要培养能就业的人才，还要培养能创造就业岗位的人才；不仅要让一部分学生能够创业，还要让一部分学生能以创业的精神投身就业。一是实施深化与专业教育深度融合的进阶式双创教育模式改革。践行"重心在教育、目标在万众、路径在分层、关键在实践、核心在创新"理念，建立健全从启蒙教育、预科教育、专门教育到指导创办企业的进阶式创业人才培养体系。二是建设国际领先的技术技能人才创新创业课程体系和课程标准。实施双创教育标准开发、专创融合课程建设、"双百"创新型项目化课程开发、在线课程开发 4 项计划。三是建立国际知名的创客项目遴选平台。与中兴、TCL、柴火空间等知名企业合作，举办产业互联、智能制造等专业型创客训练营。四是建立功能齐全的创客产品研发平台。首期建设智能制造、电子信息等 4 个创客产品试制技术中心，与中国电信、腾讯等合作构建公共服务云平台。五是建设深圳国际技术技能人才创业园。重点建设 10 个左右集实训教学、创新研发、创业孵化于一体的平台型众创空间，六是建立国际接轨的双创教育市场机制。将深圳职业技术大学华侨城校区打造成为教师、学生自主创业和师生联合创业的基地，探索通过股权配置、政府采购、校企智力资源"换购"等模式，吸引一批全球知名机构和业界大师参与创新创业教学与投资。

3. 将深圳职业技术大学建设成为中小微企业技术研发中心

在科技创新为王的时代，科技研发和技术服务能力是决定一所高校国际影响力的重要因素。学校坚持"教学是根本，科研创未来"理念，高度重视科技研发和技术服务工作，力争在科学技术化及技术产业化链条上找准自己的位置，坚持应用技术研发为导向，为中小微企业发展提供技术支撑。一是联合政府部门、世界一流企业及研究机构，组建十大技师工作站，建设十大应用技术创新中心，搭建十大公共技术服务平台，建立技术成果孵化、转移新体制，建立一流的职业教育发展智库。二是组建应用技术研发院、文化创意产品研发院、社会与经济发展研究院三大平台，整合校内科研资源，形成合力，提升科研攻关能力及行业影响力。三是加大高端平台（团队）引培力度，引进诺贝尔奖得主霍夫曼教授等一批重量级团队。

4.将深圳职业技术大学建设成为市民终身教育学校

随着技术迭代速度的加快，技术人员接受再培训的需求越来越高。另外，随着物质财富越来越丰富及闲暇时间越来越多，市民接受生活教育的需求也越来越高。深圳职业技术大学始终坚持"深圳市民的需求在哪里，我们就把学校办到哪里"，由原来只专注于学历教育转向学历教育与职业培训并举，全日制与非全日制并重，打破围墙走向社会，立志建成市民终身教育学校，办最接地气的高等教育。一是组建一批社区学院。联合市、区、街道，设立一批社区学院，探索设立"市民终身学习卡"，建设"学分银行"与学分转换制度，为市民提供便捷、优质的职业教育服务。如与大鹏新区合作成立深圳职业技术大学大鹏新区社区学院，为大鹏新区的发展规划、技术人才培养培训、老年大学、党课进社区等提供支持。二是组建一批行业培训学院。联合有关政府部门、行业协会、龙头企业，建设一批高水平特色型行业培训学院，开展以提升职业能力为核心的多层次非学历与学历继续教育。如与深圳市民政局合作成立深圳健康养老学院，与深圳市司法局合作成立司法辅助人才培养学院，与深圳市公安局成立辅警学院，与行业协会成立跨境电商培训学院、VR技术培训学院等。

（二）在"走出去"战略中产生一流国际影响力

由于职业教育缺乏国际公认的评价指标体系，因此国际影响力和认可度就成为衡量一所职业院校是否达到世界一流水平的重要指标。加快推进高校的国际化进程，是建设世界一流职业院校的必由之路。

1. 加强与职业教育国际组织的合作

经联合国教科文组织授权，深圳职业技术大学成立了联合国教科文组织职业教育计划亚非研究与培训中心，充分利用联合国教科文的国际组织体系，"借船出海"，组建国际平台，举办国际论坛，向国际职业教育界发出"中国声音"，展示"中国形象"，输出"深职模式"。

2. 充分利用职业教育"一带一路"职教联盟平台

加强与"一带一路"沿线国家职业教育机构合作，开展相关研究，出版《"一带一路"沿线国家职业教育概览》，做到知己知彼。定期举办"一带一路"职业教育国际研讨会，力争创办"一带一路"暨世界职业教育论坛，将其打造成为职教界的"达沃斯论坛"。加快成立"丝路学院"，扩大丝路沿线国家和地区留学生与职业教育师资培训规模，为深圳企业"走出去"和已经"走出去"的深圳企业培育"种子"人才。

3. 加快推动跨境办学

马来西亚马六甲应用技术大学代表马来西亚全国应用技术类高校与深圳职业技术大学签约，建立双方紧密战略合作关系，建立深圳职业技术大学马来西亚职业教育培训中心，全面推广深圳职业技术大学课程标准。在中东欧保加利亚等国家和地区建设汉语语言文化与职业技能培训中心，积极筹划在德国巴登－符腾堡州建立职业教育培训中心，准备在非洲寻找合作伙伴建立深圳职业技术大学职业教育培训中心。总之，通过全球积极布点，推广职业教育"深职模式"和课程标准，扩大深圳职业技术大学的国际影响力。

4.加快引进和开发一批国际教育教学标准

加快建设"中德智慧制造学院"，成立"智能制造技术国际培训与职业能力评估中心"，借鉴和吸收德国、瑞士等发达国家经验，开发一批职业教育标准、模式，为深圳高端制造、精密制造、智能制造培养一流技术技能人才。

5.加快建设一批境外联合培养品牌项目

继续深化与澳大利亚联邦大学、北悉尼 TAFE（技术与继续教育）学院、美国西雅图城市大学的合作，扩大联合培养规模，提升金融与证券、物流管理、软件技术、国际商务 4 个专业的合作办学质量。深化港澳台单独考试招生改革，开办"台湾班"，加强与香港黄克兢专业教育学院合作，扩大港澳台学生学习和交流规模。加强与法国葡萄酒大学、英国林肯大学、英国苏格兰斯特林大学等合作，争取新增葡萄酒、旅游管理、数字印刷及出版 3 个国际合作专业。

（三）为世界一流职业院校建设提供一流保障

1.实施一流院校治理模式创新行动计划

以习近平新时代中国特色社会主义思想统领世界一流职业院校建设

工作，全面加强党的建设和思想政治工作，培养德智体美劳全面发展的社会主义建设者和接班人。坚持党委领导下的校长负责制，充分发挥党委总揽全局、协调各方的领导核心作用。深化"政校行企四方联动"办学模式改革，建立校本部、国际职业教育集团两大管理架构，形成"法人化、总部型、集团式"治理体系，深化内部管理体制改革，厘清学术权与行政权，决策权、执行权与监督权，学校与二级学院的关系，依法办学，依法治校，推进学校治理体系和治理能力现代化，成为现代大学治理改革创新的先行者。

2. 实施一流"双师型"师资队伍建设计划

抓住深圳市人才发展机遇，设立引进高水平人才专项经费，设置"技术教授""课程教授"等特聘教授岗位，吸引一批高水平行业精英和企业技术骨干来校任职任教。研究制定高层次技能型教师标准、教师任职资格标准、职称评聘标准。实施"一师一企"计划，确保专任教师每5年在行业企业实践累计1年以上。完善岗位聘任与管理，探索实施准聘、长聘制度，健全流转退出机制。对专任教师实施分类管理，按照教学型、教学科研型、技术研发型三类研究制定不同准入条件、考评指标和发展通道。

3. 实施一流基础设施建设计划

坚持勤俭办学，建立政府投入、学校配套、社会支持的多渠道资金筹措体制，构建与世界一流职业院校建设相匹配的基础设施体系、仪器设备体系、数字化智慧校园体系、图书文献资源体系、后勤服务保障体系，满足教学科研和人才培养的需要，为建设世界一流职业院校提供基础保障。特别是要加快智慧校园和教育信息化云服务平台建设，提升智慧云校园发展内涵和服务教学科研水平，以信息化推动业务流程再造，实现资源的高效调配和有效共享，提高服务效能。

4. 实施一流大学文化建设计划

扎根中国大地办世界一流大学。坚定中国特色社会主义文化自信，把社会主义核心价值观融入学校发展各方面，加快形成具有中国特色的一流大学文化。以办学理念为灵魂，制度文化为引领，校园景观文化为主体，校园文化活动为载体，全面推进职业教育标准、质量、品牌、文化一体化建设。加强思想政治工作，探索构建思政课、通识课、专业课三位一体的大思政教育课程体系。成立社会主义先进文化研究与传播中心，以深圳为样本，研究和传播社会主义先进文化。完善文化育人体系，继续落实《文化育人实施纲要》，制定《学校文化建设规划纲要》，大力弘扬劳动精神、劳模精神和工匠精神。

建设世界一流职业院校绝非一日之功，也绝非深圳职业技术大学一家之事，需要政府高度重视，建立健全职业教育国家制度框架，大力营造重视技术技能人才的良好社会环境；需要社会各界特别是企业积极支持参与，共同承担职业教育的社会责任，形成休戚与共的命运共同体；更需要学校正确把握"引进来"与"走出去"、软实力与硬实力、中国特色与世界一流的关系，坚持中国特色社会主义教育发展道路，全面贯彻党的教育方针，始终把培养德智体美劳全面发展的社会主义建设者和接班人作为根本任务，努力培养一代又一代拥护中国共产党领导和我国社会主义制度、立志为中国特色社会主义奋斗终生的有用人才。

第三节　从示范到优质：我国高校发展模式的反思与前瞻

一、从示范到优质：深化内涵式发展的必然选择

长期以来，吸引力不足一直是我国高等教育改革发展的一大难题。20 世纪末以来，在高等教育大众化影响下，我国高校的办学规模不断扩张，并逐渐占据高等教育的"半壁江山"。诚然，高校的不断扩张为更多人提供了接受高等教育的机会，但并未从根本上改变高校的"弱势群体"形象，也未能真正提升高等教育的吸引力。就质量而言，高等教育与普通高等教育仍然存在较大差距。为了解决高等教育吸引力不足的问题，我国高等教育改革的方向开始由规模式发展转向内涵式发展。2006年，教育部、财政部启动了"国家示范性高校建设计划"；2010 年，又在原 100 所国家示范高校的基础上，新增了 100 所骨干高校，以此来深入推进"国家示范性高校建设计划"。从效果来看，示范高校的教育质量得到明显提高，并起到了一定的示范、引领作用。然而，示范高校在建设过程中也涌现出一系列问题，其实际效果与预期目标仍然存在较大差距，且对于高等教育吸引力的提升作用也比较有限。

为了深化高等教育的内涵式发展，真正从根本上提升高等教育的吸引力，优质高校建设计划逐步提上日程。所谓优质高校建设，就是对准"世界先进水平的一流高校"这一理想目标，在国家示范院校建设基础之上，在先求全局做大（规模化发展），再求局部做强（国家示范性项目建设）之后，通过着力深化、转化和固化示范性建设成果，持续创新发展高职教育，最终实现高校的整体内涵做优，全面提升办学品质与境界。为了巩固示范高校的建设成果，使高等教育改革的红利惠及更多地区，让更多的人享受到优质高等教育资源，教育部适时推出优质高校建设计划不失为明智之举。

二、示范高校建设的实践反思

在深化推进高等教育内涵式发展的关键阶段，随着优质高校建设项目的启动，我们更需要在实践层面对示范高校建设的经验与教训进行反思。

（一）资格遴选还是绩效评估

在国家示范高校建设项目启动之初，各地高校对于该项目的申报并不十分积极。当时，在高等教育大众化进程的推动之下，高校的办学规模不断扩张。与此同时，各大高校之间的竞争也日趋激烈。为了提升自身的办学竞争力，不少高校开始将关注的焦点放在升格上，即千方百计地寻求升格为本科院校的机会。在第一轮建设项目结束之后，示范高校所带来的品牌效应与社会影响力逐渐显现，并得到更多"圈外"高校的关注与羡慕。国家层面对高校升格政策的严格控制，更加凸显了示范高校建设项目的优势。以致在第二轮示范高校建设项目申报之际，呈现出"剑拔弩张"的竞争局面。为了获得所谓的示范高校"资格"，不少高校将大量精力投入到前期的项目申报上，不可谓不"尽心尽力"。然而，与申报资格时的"热情百倍"相比，不少示范高校在拿下项目之后却"热情骤减"，尤其是对于项目建设过程的关注与投入明显不足。实际上，为了支持该项目的建设，国家投入了大量财政拨款，但由于缺乏有效的绩效评估机制，并非所有学校都将"钱花在了刀刃上"，项目建设取得的育人效果由此大打折扣。与资格遴选时的严格控制不同，项目验收的严格性与科学性仍然有待提高。从验收结果来看，第一轮示范高校全部通过验收，第二轮示范高校验收也仅有一所没有通过。同时，为了完成项目验收，不少高校精心包装的"绩效"不见得就是"实效"，其中掺杂了多少"水分"也有待甄别。

（二）硬件建设还是软件建设

回顾示范高校建设的进程可以发现，高校过于注重硬件建设，而忽视软件建设的问题仍旧比较突出。在获得示范高校建设资格之后，学校往往会获得一大笔专项资金。但如何更加精准地使用这笔资金，并非所有示范高校都有一个清晰的认识与方案。更为重要的问题是，在对示范高校的项目验收标准上，教育部门过于注重考察可量化的硬件指标，但对于不宜量化的软件指标考察不够，仅仅包括毕业生一次就业率、毕业生"双证书"获取率等有限指标。为了支持示范高校的优势特色专业建设，国家投入了大量财力，并围绕专业建设配备了先进的教学仪器设备、完善的专业实训基地，建立了丰富的专业教学资源库，开发了大批的课程与教材，从而大大提高了专业建设的硬件水平。但需要注意的是，如果软件建设水平没有随之提高，再先进的硬件建设都会黯然失色。一项对江苏 15 所国家示范高校专业建设状况的实证研究表明，示范高校专业建设在取得成绩的同时，仍然存在"专业设置与区域产业结构转型发展不同步、部分专业重复设置、专业调整与建设缺乏系统布局"等方面的问题。如果实训教学体系缺乏系统规划，那么再先进的教学仪器设备、实训基地都可能成为摆设；如果专业教学资源库不能得到广泛使用，那么只能造成资源的巨大浪费；如果课程与教材开发缺乏标准，那么对于职业教育改革将无任何实际意义。

（三）少数学生还是多数学生

示范高校建设的最初目的在于，通过提升办学质量来增强我国高等教育的吸引力。国际职业教育发展的经验证明，只有将学生放在教育过程的中心位置，才可以说，质量理念已经深入贯彻到职业教育与培训之中。对示范高校建设而言，这一假设同样成立。在此逻辑之下，必然要明确的是"何为以学生为中心"。此处所讲的学生，到底是少数学生，还是多数学生？以技能大赛为例，为了在技能大赛中取得好成绩，不少示范高校将有限的训练材料和资源投入少数"备战"技能大赛的学生身上，甚至只让其参与某一项目的技能训练，不再参加文化课、专业理论课等的学习，使其成为脱离正常学校秩序的"特殊群体"。与此相比，其他学生所能享用的优质教育资源则少得可怜。一个颇具讽刺意义的例子是，某位高校焊工专业学生凭借在技能大赛上的好成绩而直接获得技师称号，随后被企业高薪聘用，但走上工作岗位第一天就出了"洋相"：当他去现场操作时，却为始终找不到合适的焊条而发愁。原因在于，无论是在学校训练中，还是在技能大赛中，所有的焊条都是提前准备好的，并不需要学生自己去选择。当技能大赛变成争名夺利的工具之后，无论是少数学生，还是多数学生，实际上都成为受害者。即便是示范高校能够凭借过硬的技能大赛成绩顺利通过项目验收，但如果不能使广大学生从中真正受益，那么示范高校也就失去了建设的基本价值与意义。

（四）局外教师还是局内教师

在示范高校建设过程中，一线教师是一个不可忽视的群体，然而，他们却时常扮演着较为尴尬的角色。表面上看，一线教师似乎是示范校建设的"局内人"。在传统的科层制管理体制之下，一线教师处于整个高校管理体制的底层，并在上级的领导之下参与示范高校建设的各项工作。匪夷所思的是，在拿下示范高校项目资格之后，一线教师似乎成为"最忙的群体"，但更多时候是疲于应付上级领导的行政命令。虽然在项目启动之初，为了保证各大示范高校的办学特色，国家一直强调要给予其办学自主权。但事实上，这种自主权主要停留在中高层管理层面，一线教师所拥有的自主权仍旧十分有限。在没有改变科层制管理本质的前提下，示范高校建设很难真正调动一线教师的积极性、主动性，一线教师就只能成为被动的参与者，也就是不折不扣的"局外人"。在现有的高校管理体制之下，校长往往发挥着决定性作用，而高层管理者的职务更迭时常为示范高校建设埋下隐患，尤其关乎后示范期高校的发展命运。也就是说，如果新任校长对前任做法并不认可，很容易导致示范高校建设形成的理念与发展成果"付之东流"。此时，一线教师往往是最无力的群体，其"局外人"的角色更加凸显出来。

（五）回波效应还是扩散效应

从经济学视角来看，非均衡式发展模式在带来"扩散效应"的同时，必然也会带来"回波效应"。"扩散效应"是指发达地区（增长极）对周围落后地区的推动效应和有利影响，即促成各种生产要素在一定发展阶段从增长极向周围不发达地区的扩散，从而产生一种缩小地区间经济发展差距的运动趋势；"回波效应"是指发达地区（增长极）对范围落后地区的阻碍作用或不利影响，即促进各种生产要素向增长极的回流和聚集，产生一种扩大地区间经济发展差距的运动趋势。在市场机制之下，如果某个区域的发展速度长期超过平均发展速度，而又无法得到有效调控，那么这不但不会带动其他区域发展，反而会拉大区域间的差距。对示范高校而言，这一原理同样适用。示范高校的建设必然会带来扩散效应，从而实现对周边高校的示范、引领作用。同时，示范高校的建设对周边高校也带来一定的"负面影响"。一项对浙江 47 所高校的实证研究显示，示范院校与非示范院校存在较为明显的差距，院校间社会服务能力不均衡现象较为突出，具体表现在横向技术服务、非学历培训、公益性培训等方面。另外，示范高校还可能加重周边高校的招生困境，甚至为其带来生存危机。如果无法得到有效调控，这种"回波效应"甚至会先于"扩散效应"而来。原因在于，如果政府无法采取干预政策来刺激周边高校的发展，那么将无法避免不同类型院校之间的累积性恶果循环，双方之间的发展差距也将进一步拉大。因此，我们在关注示范高校"扩散效应"的同时，不得不重视可能出现的"回波效应"。

三、优质高校建设的前瞻思考

从示范高校建设，再到优质高校建设，并不是在前者之中选拔"985"或"211"学校，而是在更广泛的高校层面推广这一项目，倡导更多的高校走精细化发展道路，从而带动高等教育整体发展水平的提升。在优质高校建设项目启动之际，我们必须在吸取示范高校建设经验与教训的基础上，进一步明确优质高校建设的方向。

（一）紧扣项目建设初衷，建立以绩效评估为导向的拨款机制

优质高校建设的初衷并不在于"从矮子中选将军"，也不在于仅仅满足项目的"贴牌"，而在于通过重点建成"标杆"，来全面提升高校的办学水平。另外，与示范高校建设不同，优质高校建设不再是由中央财政集中投入支持少数学校的发展，而是鼓励地方政府和教育主管部门

着眼于强化特色、培育优势，着眼于集中火力、扶优扶强，打破"示范建设"时期的"身份标签"，精心挑选那些办学基础扎实、优势特色鲜明、改革意愿强烈，同时说有想法、做有套路、干有实绩的高校进行重点建设。为此，我们必须吸取示范高校建设的教训。为避免"资格遴选"再次成为政策执行的实际行动逻辑，我们首先要改变传统的拨款方式，建立以绩效评估为导向的拨款机制。正如有学者所言，在省域优质高等教育发展公共政策的构建中，政府要将资助效果评估做实、做精。对于拟重点支持的优质高校，有条件的地区建议采取"先建设、后拨款"的方式，而条件相对较差的地区建议采取"边建设、边拨款"的方式，从而形成有效的激励约束机制。其次，我们要基于优质高校人才培养的全过程构建"投资—回报"模型，利用科学的评估工具搜集和分析数据，对优质高校建设的经费使用情况进行科学而公平的绩效评估，从而进一步完善评价标准，优化质量监控流程。最后，根据绩效评估的结果，政府要动态调整经费支持力度：对于建设进展良好、育人效果明显的优质高校，要酌情加大经费支持力度；对于建设进展缓慢、育人效果不佳的优质高校，要适当核减经费支持力度。

（二）优化项目验收标准，设计以软件建设为重点的指标体系

对优质高校建设而言，项目验收标准往往发挥着重要的导向作用，它可以在一定程度上反映整个项目运作的主导价值理念。原因在于，为了能够顺利通过验收，项目建设院校往往会按照验收标准来进行整体规

划与设计，并按照指标体系要求来制订具体方案。回顾以往示范高校建设的项目验收标准可以发现，硬件建设指标占据了大量比重，而软件建设的相关指标则明显不足。实际上，与硬件建设水平相比，软件建设水平更能反映一所学校的办学特色与办学水平。如果只重视硬件建设，而不重视软件建设，那么很容易使高校的内涵建设失去灵魂；如果只重视软件建设，而不重视硬件建设，那么很容易使高校的内涵建设失去基础。正如前文所言，在经历了高校的规模式发展，以及两轮示范高校建设之后，我国高校建设已然进入内涵提升的关键阶段。就目前而言，经过多年发展，大多数高校的硬件建设水平已经有了大幅度的提高，而软件建设水平则始终是高校内涵式发展的短板。而且，优质高校建设项目一个重要的遴选原则就是"扶优扶强"，这表明能够被选中的学校必然是有一定建设基础的，最起码有硬件建设水平的保障。因此，在优质高校建设项目启动之际，我们需要进一步优化项目验收标准，突破以往示范高校建设项目验收标准的局限性，设计以软件建设为重点的指标体系。需要注意的是，以软件建设为重点，并非不重视硬件建设，而是强调以硬件建设服务于软件建设，从而有效发挥指标体系对优质高校建设的引导作用。

（三）明确人才培养目标，贯彻以全体学生为中心的培养理念

对于高等教育应该培养什么样的人才，我国一直没有一个明确的定位。从历年的政策文件来看，对高技能人才培养目标的定位有"高等技术应用性专门人才""高端技能型专门人才""高素质劳动者和技术技能人才"等一系列说法。但遗憾之处在于，国家层面并未出台配套文件来解释人才培养目标，这就导致高校在具体的人才培养过程中无所适从。在示范高校建设中，以上问题仍然没有得到有效解决。在功利主义价值导向之下，示范高校往往会设置较高的人才培养目标。事实上，技术技能人才的培养并非一蹴而就的事情，它存在一个从新手到专家不断升级的过程，这就需要高校制定切合其成长规律的人才培养目标。对优质高校建设而言，比较现实的选择是将人才培养目标定位在"准入"水平，要求全体学生在毕业之时能够达到用人单位的基本要求。正如杜威（John Dewey）所言，如果教育是生长，这种教育必须循序渐进地实现现在的可能性，从而使个人更适合于应付后来的要求。[①] 此处所讲的准入水平并非降低高校的培养目标，能够真正达到这一培养要求也绝非易事。需要明确的是，为了帮助学生达到准入水平，高校应该将实践教学重点放在技能操作"标准规范"的训练上，而非放在技能操作"娴熟程度"的训练上。正如技能大赛选手也许能凭借娴熟的技能获得荣誉称号，但却不一定能够达到用人单位的要求。与其如此，高校不如扎扎实实地开展专业技能普测，提高全体学生技能操作的规范性与标准性。准入水平还要求学生具备现代社会所需要的核心素养，针对学生基础文化水平不高的现象，高校要开展面向全体学生的文化素质补充教育。

---

① 约翰·杜威.哲学的改造[M].北京：中国传媒大学出版社，2018.01.

（四）构建多元治理结构，打造以名师团队为主体的治理模式

为了改变传统科层制管理的弊端，优质高校在建设过程中应该大力构建多元治理结构，并尝试打造以名师团队为主体的治理模式，从而有效发挥多元主体的协调治理作用。与管理不同，所谓"治理"，即用规则和制度约束和规范利益相关者之间的关系，以达到决策科学化、民主化的目的；治理理论强调多权力中心和多元主体参与，不同主体之间的竞争和合作是维护社会秩序和促进社会发展的重要动力源。在高校，理想中的多元治理结构，不仅应该包括中高层管理人员，还应该包括一线教师。在以往的示范高校建设中，管理的主要问题在于，一线教师的自主权并没有得到释放，也没有在整个管理体系中发挥主体作用。在优质高校建设过程中，如果一线教师仍旧无法获得更多自主权，那自然无法调动起他们参加项目建设的积极性与主动性。但是需要注意的是，一线教师的自主权并非是完全无限制的，而是存在一定的边界。为了避免教师个体意见分歧过大可能带来的低效率问题，高校有必要打造以名师团队为主体的治理模式，从而在一定程度上实现"民主基础上的集中"，进而帮助一线教师"科学有效""整齐有序"地发出自己的声音。另外，以名师团队为主体，可以有效发挥名师对新手教师的"传帮带"作用，从而有效促进新手教师的专业化发展，并提升高校的整体教学与科研水平。

（五）强化院校深度合作，形成以集团办学为载体的合作网络

在示范高校建设过程中，之所以会产生回波效应大于扩散效应的现

象，原因主要在于，示范高校的建设成果仅仅停留在"示范"层面，在后示范期并没有产生推广效果。示范高校所带来的所谓扩散效应，多表现为区域内其他高校对示范高校的参观学习与简单模仿。实际上，由于资源禀赋、内部环境等方面的差异，这种浅层次的合作并不能有效带动非示范高校的发展。在优质高校建设项目启动之际，为了更好地处理效率与公平之间的关系，我们必须强化院校之间的深度合作，并加快形成以集团办学为载体的合作网络。由于目前我国的高校仍然主要处于非均衡式发展阶段，因此，将优质高校与其他非优质高校纳入同一集团办学，可以在一定程度上实现优质职业教育资源的共享，推动区域内"优质均衡"目标的实现，并逐步缩小不同类型院校之间的发展差距。该集团不仅可以包括优质高校、示范高校、普通高校，而且可以包括行业、企业等。根据奥尔森（Mancur Lloyd Olson）的集体行动理论，当一个组织规模足够小时，少数精英成员就可能实现集体目标；只有当组织规模较大时，才需要有一套复杂、正式的治理结构，以确保"选择性激励机制"激励贡献者，处罚"搭便车"者，从而实现集体目标。在制度经济学看来，对一个组织而言，组织成员数量的大幅增加必然会带来集体行动困境。对于以异质性元素为主要特征的高校集团化办学而言，必然也需要解决集体行动困境的问题。为此，我们必须切实发挥优质高校的带动引领作用，着力构建协作共赢的内外部治理结构，并建立有效的决策、执行与激励机制。

第四节　高水平高校建设内涵解析

一、高水平高校建设的内涵要求

高水平高校建设，旨在打造一批高水平的人才培养、高水平的专业建设、高水平的师资队伍、高水平的社会服务、高水平的内部管理、高水平的校园文化，形成与国家重大发展战略同频共振，与国家重点发展产业适度超前的职业教育发展格局，构建高水平高校"宏、中、微"三位一体的内涵体系。宏观上，坚持"中国特色"的社会主义办学方向，坚持立德树人，支撑国家战略，为人类发展提供"中国方案"打下杰出技术技能人才基础。中观上，明确了高水平高校建设的一条主线、四大特征和六大要素，即以深化产教融合、校企合作、工学结合为主线，以人才培养、科技创新、专业建设与产业融合发展为特征，以规律、专业、人才、资源、制度与文化为六大要素。微观上，聚焦基本办学和实习实训条件的改善，关注国家重点领域产业和区域支柱产业相关专业建设，提升学校服务学历教育、社区教育、职工教育培训等能力，聚焦校企一体合作办学，突出工学结合人才培养模式，加大理论和实践一体化课程开发。高水平高校从概念的内涵和外延上可以从三个层面来理解。

（一）高水平的"世界性"

国家或地区经济社会发展的不平衡性，决定了高等教育事业发展的进步与落后程度，创建高水平高校是一个区域性概念，对于各级各类学校，创建"高水平"一定是有世界的高水平、亚洲的高水平、全国的高水平、区域的高水平之分，各个省份、各个院校应在不同范围确定创建高水平的目标和计划，选中标杆，实施标杆管理。

（二）高水平的"发展性"

事物发展通过不断的"否定之否定"，实现从量变到质变的跃升，从低级阶段向高级阶段进发。从历史角度看，高水平的标准绝不是静止不变的，而是随着产业升级改进不断向前发展的。产业经济发展的"优胜劣汰"，一个时期的高水平标准会被下一个时期质量更高、内涵更丰富的所超越，高水平院校的标准要因变适变，动态优化高水平目标和内涵并以行动，要主动领跑产业发展，才能顺应发展潮流。

（三）高水平的"特色性"

特色包含个性、优势，同时本身也涉及全局优化，纵向的差异事关发展程度、层次，甚至是"代际差异"，横向的差异事关发展特色、核心竞争力。世界上综合性高水平大学，没有哪一所在每个领域都做到顶尖，都是在某一个或某几个学科领域单兵或重点方向上突进、领先，高水平高校建设需要高水平的文化、制度和资源作为支撑，需要持续用力、长期积累、长期奋斗。高水平高校建设，关键是要找到总领发展的"纲"，纲举则目张，若单向用力，越给力反而越有可能跑偏。因此，高水平高校建设，要以专业为建设总纲，以人才培养质量为核心，以服务产业和地方发展为特色，才能办出具有鲜明特色、卓越水平、一流声誉的高水平高校。

二、高水平高校重点建设任务

（一）坚持骨干专业建设为基本载体

高水平高校必须由若干骨干专业作为支撑，要不断优化专业结构，改善实验实训，优化师资结构，提高服务产业发展的能力，扩大国际影响力。一是优化专业结构。根据区域经济发展需要和服务行业特点，凝练专业方向，打造国内领先、辐射带动一批专业发展的拳头专业，提升专业支撑、推动、引领产业发展的能力。结合学院行业和区域优势，准确定位，紧贴产业发展动态设置和调整专业建设体系，推动国家重点产业发展亟须的专业的建设。二是提升师资水平。围绕专业实践能力提升建设，健全专任教师的培养机制，完善青年教师代培和轮训制度，打造一批专兼结合的"双师型"素质教师队伍。三是深化教学改革。不断深化工学结合的人才培养模式改革，加大"理实一体化"课程体系改革，深化"订单班"、现代学徒制等校企一体化育人模式，加大信息技术在教学中的应用，促进学生自主学习、创新和就业的能力提高。四是坚持开放办学，要加强技术技能积累，扩大对外合作，扩大职业教育的国际影响力和竞争力。

（二）坚持人才培养质量核心地位

质量决定兴衰，高水平的人才培养质量是学院发展的核心竞争力，唯有提高培养质量才能吸引高水平的教师，良好的学生、留学生和社会资源。高水平高校建设要以提高人才培养质量为核心，深化人才培养模式改革，完善质量监控体系，强化育人环境改善，全面提高人才培养质量。一是要深化人才培养模式改革。加大行业企业标准和国际成熟职业标准的引入，推动工学结合的人才培养模式朝深度和纵向发展。二是要强化教学规范管理。要全面落实教学规范，探索适应生源特点的人才培养新模式，不断创新教学管理机制，提高服务师生水平。三是要完善质量保障机制。推进建立教学工作诊断与制度改进，发挥好人才培养数据状态平台作用，建立常态化的高校自主保证人才培养质量的机制，做好人才培养质量年度报告制度等。

（三）坚持产教融合为主线

坚持产教融合、校企合作，坚持工学结合、知行合一是职业教育的本质要求。示范院校建设，创建了工学结合的人才培养模式，解决了职业教育专业建设的核心问题；骨干院校建设，形成了校企合作机制，解决了学校层面的合作问题；高水平高校和骨干专业建设，聚焦服务一流产业发展，要在更大范围、更高层次、更深程度上促进产教融合。职业学校要主动对接企业需求，增强服务企业发展的针对性和支撑力；要支持和引导企业深度参与学校育人过程，通过组建职教集团、专业建设指导委员会、董事会（理事会）等形式，使企业深度参与高校教育教学改革，支持专业建设、教师培养和学生实习实训。大力推进现代学徒制试点，充分发挥企业育人的主体作用；深化体制机制改革，鼓励社会力量以资本、知识、技术、管理等要素参与公办高等高校改革，大胆探索混合所有制办学模式。

三、高水平高校建设路径

高水平高校建设，紧密围绕产教融合、校企合作、工学结合为主线，不断改善基本办学和实习实训条件，强化国家重点领域产业和区域支柱产业相关专业建设，重点提升学院服务学历教育、社区教育、职工教育培训等能力，深化产教融合，聚焦内涵建设，坚持创新驱动，扩大开放办学，打造一批人才培养、科技创新、专业建设与产业融合发展的杰出技术技能人才培养高地。

（一）融合发展，创新体制机制

以优化内部质量治理体系为重点，完善质量保证体系，创新办学体制机制，强化学院服务国家重点产业和区域支柱产业发展能力建设。

1.优化治理体系，提升治理能力

坚持和完善党委领导下的校长负责制，加快凸显学院特色的现代大学制度建设，建立理事会或董事会；拓宽师生参与学校民主治理的渠道，发挥学生代表大会的桥梁纽带作用；构建自我发展、自我约束的内部管理体制和监督制约机制；优化机构设置，深化两级管理模式改革，下移管理中心，建立富有活力、运转高效的两级管理体制，建成以绩效为导向的全部门全员考核机制，提升学校管理效能。

2. 开展教学诊断与改进，健全质量保证体系

以推进教育治理体系和治理能力现代化为目标，落实学校办学主体地位、激发学校办学活力，加快建立健全院校自主发展、自我约束的运行机制。发挥职业院校质量责任的内在自觉性，建立全员全过程全方位的质量标准体系；发挥教育主管部门的管控作用，对院校的质量保证机制和能力进行有效管控；发挥第三方中立性监测与评价体系的外在技术支持作用，建成"院校主体、政府推动、市场引导"的质量保证体系。

3. 搭建校企合作平台，推进产教深度融合

加强与行业职业教育教学指导委员会合作，建立健全政府主导、行业指导、企业参与的职业教育办学模式，率先在大中型企业开展产教融合先行先试，推动政校企行共建共用共享人才培养基地、技术创新基地、科技服务基地。推动教育链与产业链的有机融合，引导和鼓励学校、行业、企业、科研机构、社会组织等组建职业教育集团。

4. 创新办学机制，创建特色学院

鼓励和支持社会力量联合办学，创建特色二级学院，突出二级学院在人才培养和质量责任中的主体地位。深入推进现代学徒制试点，发挥企业办学主体地位，成立以现代学徒制培养为主的特色学院；探索以资本、知识、技术、管理等要素参与办学模式，成立具有混合所有制特征的二级学院。

（二）内涵发展，加快优质资源扩容升级

服务行业产业发展，优化专业结构，深化教学模式改革，打造高水平师资队伍，提供高水平社会服务，打造高水平人才，推动学院内涵式发展。

1.创建特色专业体系，创新人才培养模式

紧密围绕"中国制造2025""创新驱动发展"等国家重大发展战略和区域支柱产业发展，把专业建在产业链上，建立专业设置的动态调整机制，不断优化专业结构，打造一批彰显学院特色、支撑产业发展的专业体系。推行校企一体化育人，深入推进"订单式"培养、工学交替培养，进一步推动校企联合招生、联合培养的现代学徒制试点，探索实践本科层次职业教育培养模式和实现形式。

2.扩大信息技术应用，创新课堂教学变革

加快推进教学信息化建设和应用，按照"院校主体、政府支持、社会参与"的方式，集聚优质资源，建成具有中国特色的公共服务平台和在线开放课程体系；整合社会资源，扩大行业企业参与，打造一批优质高等教育专业教学资源库。积极促进信息技术与职业教育的创新融合发展，构建网络化、数字化、个性化、终身化的教育体系，形成人人皆学、时时可学、处处能学的学习环境。

3.优化人才队伍结构，加强师资队伍建设

健全适合职业教育发展的职称评价体系，完善以品德、能力、业绩为导向的职称评价标准，推动教师分类评价、分类管理的人事管理制度

改革；建设"双师型"教师培训基地，推动和加强高校师资队伍建设；

建成大师工作室，推动技能大师技术技能创新和实践经验加速传承和推

广；建设优质专业教学团队，促进教师间的合作交流与传、帮、带作业，

加大教学名师和教坛新秀培养工作力度，实施"教学名师引领计划"，

培养一批国家级、省级教学名师。

4.创新校企合作，强化社会服务能力

对接社会发展，服务国家需要，建成与区域经济社会发展相匹配、

相协调的现代职业教育体系；坚持"共建、共享、共用"原则，打造科

技应用技术服务中心；建立终身学习成果认证、积累与转换的全民公共

服务平台；拓宽新型职业农民、现代产业工人、进城定居农民工和退役

军人等重点人群接受学历和非学历继续教育渠道，支持推进农民继续教

育，为农民通过半工半读方式接受职业培训和教育提供条件。

（三）创新发展，加强技术技能积累

坚持创新驱动，发挥院校人才优势和区位优势，重视文化育人，促

进技术技能积累转化，完善技能大赛制度，将学院打造成为区域技术技

能资源的聚集地。

1.打通多样化技术技能人才成长通道

完善高校分类考试评价方式，突出"文化素质＋职业技能"考试办法，

健全职业适应性测试办法，限定中高职贯通考试招生专业，规范高校注

册入学方式。探索建立"中职—高职—本科"技术技能人才成长通道，

打通职业教育"立交桥"，构建适应个人全面发展的先进职教体系，为学生多路径成才、多样化选择搭建"立交桥"。

2. 建立和完善技能大赛制度

进一步发挥全国技能大赛及各类大赛对教学方式改革、提高教学质量的推进作用；坚持政府主导、行业指导、企业参与，形成"校级—省级—国家"三级梯队培养机制，以赛促教、以赛促学、以赛促改，提升学生实际动手能力、规范操作水平、创新创业水平，全面提高技术技能水平。

3. 促进技术积累及转化

培育具有持续创新能力的科技服务与创新团队，建成具有持续发展能力的技术技能积累中心或工程技术中心，促进技术技能积累与转化能力。推动校企共建技能大师工作室、实验实训平台、技术工艺和产品开发中心等，将学院打造成为技术技能积累与创新的重要载体。发挥职业教育集团作用，促进教育链和产业链有机融合，探索组建覆盖全产业链的职业教育集团。

4. 促进文化育人与技术技能积累的融合发展

加强校园文化建设，强化大国工匠精神培育，推进企业文化、产业文化、职业文化进校园进课堂，促进职业技能和职业精神高度融合；持续推进人文素质教育实践活动，在文化育人实践中推动技术技能积累，在文化传承创新中提高育人水平，着力培养追求卓越、精益求精、敢于创新的工匠精神。

（四）合作发展，推进对外交流与合作

加大引进国（境）外高水平专家和优质教育资源，持续推进学生对外交流，加强师资对外交流力度，跟进"一带一路"倡议，支持中国企业和产品"走出去"，提升学院国际化办学水平。

1. 提升合作办学质量

完善中外合作机制，围绕国家急需专业建设，引进国（境）外优质教育资源，建成一批示范性合作办学结构和项目；对接国际标准，参照《华盛顿协议》《悉尼协议》《都柏林协议》等国际工程教育互认体系，指导专业建设；坚持"扩大开放、规范办学、依法管理、促进发展"方针，扩大中外合作办学项目，探索职业院校到国（境）外办学方式，提升职业教育国际影响力。

2. 拓宽技术技能合作

与世界一流应用技术学校或科研机构开展深度合作与交流，参与国际或区域性重大项目、科学工程的建设，参加国际标准和规则的制定，不断提高学院国际影响力。

3. 扩大师生对外交流

健全中外合作管理制度，鼓励和支持国（境）外高水平技术技能专家来华任教，扩大中外学生互换、教师互派、学分互认力度，培养通晓国际规则、具有国际视野的杰出技术技能人才。

4. 服务国家"走出去"战略

推动建立与中国产品和企业"走出去"相配套的职业教育模式，面

向当地员工，探索技术技能培训和学历教育，培养一批符合中国企业海外生产经营需求的本土化人才。探索与开展国际业务的大型企业合作办学模式，创建国际化人才培养基地。

高水平高校建设，是职业教育支撑国家重大发展战略的重要手段，是推动经济升级转型的有力举措，是提升职业教育内涵发展的本质要求。按照把握人才培养质量核心，坚持服务发展、促进就业，深化改革创新，强化产教融合、校企合作、开放办学的要求，打造一批培养杰出技术技能人才的高水平高校，推动职业教育更好地服务国家战略发展，推动我国职业教育发展迈上新台阶。

第五节　新时代"立德树人"导向下优质高校建设与发展的思考

一、新体会

（一）高职教育具有"三个意味着"

经历了国家示范院校、国家骨干院校建设，目前我国大部分高校逐步发展壮大，学生规模已基本稳定、校园基础设施建设基本完成、经费投入得到有效保障，在办学条件、师资队伍和社会服务能力等方面都取得了长足进步，高职毕业生的社会认可度不断攀升。这意味着高职教育已占据高等教育的"半壁江山"，对高等教育从精英阶段进入大众化阶段发挥了重要作用；意味着高职教育已经从规模扩张走上内涵发展阶段，高校的办学特色已经初步形成；意味着职业教育基本形成了产教协同发展和校企共同育人的格局，职业教育与经济社会发展的契合度不断增强，具有中国特色的职业教育发展道路逐步形成。

（二）高职教育发展存在两个"没有变"的现象

一是部分高校的办学基本条件与优质高校建设标准之间的差距依旧存在，处在发展初级阶段的现状没有改变。高校生均仪器设备、生师比、优质教学资源、科研与技术服务成果等，尚未能很好地满足人才培养和学生对优质教育资源的需求。二是高校在高等教育领域的话语权、影响力、竞争力还不强，高职教育大而不强的现状没有发生根本改变。高职教育的人才培养、服务社会等尚有差距，在创新发展、国际影响力等方面，更是差距明显。在严峻的形势面前，优质高校的创建必须将立德树人与内涵发展作为第一要务，在发展中解决问题，补齐短板，扩大优势，迎头赶上。

（三）高职教育领域的主要矛盾

一是学生、家长对"上好学"的需求与学校提供的教育服务不充分不均衡之间的矛盾。学生、家长的需求已经由"有学上"转变为"上好学"，但高校可以提供的教育教学资源、生均教学设备台套数、文化体育设施、创新创业平台等仍然有限，都与"上好学"的要求存在较大差距。

二是学生的"人人成长成才"的需求与学校有效供给的不充分不均

衡之间的矛盾。院校要以学生为中心，尊重学生的成长规律，构建作为"人"的全面发展和可持续发展的机制体制。如参加技能竞赛、专业协会、文体社团的学生，可以享受到更多的优质教育资源和个性化培养，但对其他学生而言，接受高质量教育的机会存在不均等，"一人一课表"的个性化教育无法落地。同时，学校内部专业之间也有不均衡的问题，各个专业的教学设施、师资队伍和教学投入也都不均衡。

三是产教融合、校企合作对人才的需求与学校人才供给不充分不均衡的矛盾。区域经济发展方式的转变和产业转型升级需要高校培养更多高素质且具有持续发展和岗位迁移能力的技术技能型人才，但人才培养的现状还存在产教融合不充分，企业参与人才培养深度不够、分布不均，校企合作开展技术攻关、混合所有制企业学院的建设等深层次合作程度不高等问题，导致毕业生不能真正对接企业用人需求。

二、新理念

党的二十大和全国思想政治工作会议给高职教育提出了新要求，"中国制造 2025"、"一带一路"倡议给高校布置了新任务，优质高校建设更是今后一个时期全国高校发展建设的关键词。创建优质高校须面向未来、拥有符合自身特色的发展理念。只有不断更新理念，凝聚共识，用共同愿景引领学校发展，才能走出一条可持续发展之路。

（一）坚持以学生为中心的理念

学生是高校的服务对象，善待每一位学生必须体现在教育教学的每个环节。高校的课程、师资、实训、校园环境、文化资源都要以学生为中心，为其提供优质服务。师生之间应建立一种平等和谐、良性互动的关系。教师决不能仅仅满足于教学生以知识，而是要教给学生进一步获取知识、不断创新的能力，要把学生培养成有知识，有技术、有技能，有道德，有良知的合格公民。学校可以成立学生发展中心，加大对以专业技术为基础的科技社团、创新社团建设的支持力度，让学生在自己感兴趣的领域提升水平、强化能力，培养他们的职业道德、参与意识和自我管理意识。

（二）坚持共同治理的理念

共同治理就是在坚持党委领导的校长负责制的基础上，在大学章程的指导下，建立党委领导、行政主导、专门委员会协同、师生参与、法治保障的现代大学治理体系建设。共同治理的目的就是要让全校教职工参与到学校管理与决策中。通过在校内成立课程、教师、财经、学生事务、发展战略等咨询委员会，在政策出台之前甚至在决策过程中，充分听取师生意见，强化其在参与学校管理和决策过程中的责任感和使命感。

（三）坚持从我做起的理念

优质高校建设不仅仅是校领导的事，学校人人都责无旁贷，需要全体师生员工树立起"从我做起，以身作则"的思想，以主人翁的姿态积极投身到学校优质高校建设和发展的伟大事业中去。从个人层面看，每位教职工要认真思考，自己能为学校发展做些什么，把主要精力放到学校的发展振兴上去。从学校层面看，要始终坚持为区域经济服务、为中国特色社会主义培养合格的建设者和可靠的接班人这一前提。要立足学校内涵建设，扎扎实实抓专业建设、人才培养、队伍建设，只有做出了成绩，才可能真正被社会关注和重视，才能保持持续上升的势头，得到政策的支持、社会的认可。大到学校，小到个人，从我做起，人人有责，形成氛围，学校的宏伟目标才能实现。

（四）坚持"大教师观"

在学校站在讲台上的是老师，坐办公室的是老师，看门守栋的也是老师，每个人在各自的岗位上都要充当育人的角色。大教师观就是把参与学校管理、教育教学、后勤保障等教职员工都视为肩负育人使命的教师。身为学校一员，教职员工都应该了解本校的办学定位、专业建设的发展动态以及学校的中长期规划和发展愿景。要进一步明确专任教师、辅导员、后勤服务人员、管理人员和兼职教师的角色定位，发挥各自在人才培养中不可替代的作用，变被动为主动，形成"全员参与、全员育人、全员增值"的校园文化，让所有教职员工都有价值归属感、情感归属感、事业成就感。

（五）坚持创新发展的理念

优质高校的建设过程就是学校全面改革不断深化、不断创新的过程。要建设优质高校，学校要紧跟时代发展步伐、把握趋势，适时调整和完善体制机制。要坚持用发展的眼光看问题，将创新、协调、绿色、开放、共享发展理念贯穿到学校教育教学改革的各个方面，切实促进治理能力和体系的现代化，促进人才培养质量的提升。

三、新思路

建设优质高校必须全面提高学校党建与思想政治工作水平。思想政治工作就是要正确引导学生铸就理想信念、掌握丰富知识、锤炼高尚品格。优质高校建设推进思想政治工作的总体思路，是坚持以习近平新时代中国特色社会主义思想为指导，深入学习贯彻党的二十大精神，全面贯彻党的教育方针，坚持社会主义办学方向，努力开创学校思想政治工作新局面，为优质高校建设筑牢坚实基础。

（一）深入推进"三全"育人

1.要坚持思想价值引领，推进全员育人的大思政格局

要把社会主义核心价值观融入教学、管理、服务、环境等各个育人领域，要遵循教书育人的规律和学生成长的规律，不断提高思想政治教育的针对性和亲和力。要加强教师思想政治工作，完善教师管理制度和机制，强化教书育人是教师神圣职责的理念，引导教师牢记教师是第一身份，人才培养是第一要务，上好课是第一责任，政治合格是第一标准。充分用好发挥好身边最生动、最管用的模范、样板，教育引导广大教师积极践行"四个统一"。

2.要大力推进课程思政建设

通过创新课程体系，修订人才培养方案，加强对教师的马克思主义

理论教育与培训，强化显性教育，细化隐性教育。明确每一名教师的育人职责，每一门课程的育人功能。每个专业都要努力挖掘好思想政治教育资源，找好育人角度，多出育人成果。要把思想引导和价值观塑造融入每门专业课程之中，确保其他课程与思想政治理论课同向同行，形成协同效应。课堂是为党和国家培养人才的地方，要坚持课堂讲授守纪律，公开言论守规矩，所有的教育教学活动中都不得出现违背党和国家大政方针、违背宪法法律、危害国家安全、破坏民族团结等言行。

3.要强化社会实践育人

要整合思想政治理论课实践教学、大学生社会实践和专业课实习实训等环节，构建统一规划、分层实施、分类管理的实践育人体系。要积极推进"校行企"协同育人，深化创新创业教育改革，加强实践教学基地建设，鼓励学生走进社会、企业、工厂开展社会调研、生产实习和创新创业实践，在实践中培育工匠精神，提升职业素养，培养对人民的感情、对社会的责任、对国家的忠诚。要建立大学生志愿服务制度，将志愿服务纳入共青团"第二课堂"成绩单。

（二）切实抓好基层党组织建设

党建与思想政治工作是促进学校改革、推动学校发展的坚强保障。必须充分发挥党的制度优势和密切联系群众的优良传统，必须充分彰显基层党组织的战斗力和凝聚力，切实将全体党员干部、师生员工的智慧与力量凝聚到学校创建优质高校建设发展的大局中来。一是优化基层党组织设置。把基层党支部设立在教研室、实训室和专业团队里，设在托管的物业公司里，设在学生活动最频繁的公寓宿舍里和学生兴趣最浓的学生社团里。二是加强党务工作队伍建设。把专业带头人培养成党内骨干，把党内骨干培养成专业骨干，党务干部既要熟悉党建与思政工作的方法，也要熟悉学校的教育教学、专业建设和人才培养。通过这种方式，党员先锋模范作用和基层党支部战斗堡垒作用的发挥也就有了载体，将党组织的政治功能与服务功能有机统一起来。三是深化"两学一做"学习教育。充分发挥党员领导干部示范作用，积极组织党支部学习研讨，全面开展支部主题党日活动，持续整顿疲弱涣散现象。要在制度建设上精准发力，使"两学一做"在深学、实干、真做上深化拓展，成为广大党员的"实践地"和"对标杆"，构建加强基层党组织和党员队伍建设的常态化机制。

（三）扎实推进特色校园文化建设

将文化建设作为学校全方位育人的重要内容，全力打造彰显学校办学历史、办学定位和办学特色的校园文化。一是加强精神文化建设。持续开展学校精神的总结、凝练和解读，形成全校师生认可的精神文化品牌，使学校精神代代薪火相传。要厚植行业文化，挖掘学校的行业特色，探索产业文化进教育、行业文化进校园、企业文化进课堂的实现路径，积极推进职业文化、创新创业文化融入人才培养方案，积极培育工匠精神，大力开展优秀典型评选，将学校精神内化为全校师生员工的共同文化心理。二是加强物质文化建设。深入挖掘办学历史，突出办学特色，打造一批卓越文化景观，建设展示学校历史发展的文化博物园、博物馆，规范校内楼宇、道路、园林、景观的命名，推动物质环境与人文环境的有机融合；开展统一文化标志建设，对学校的各种视觉因素进行全面统一的规划和设计；推动传统校园媒体与新媒体的融合发展，全力打造以各级各类网站和微博、微信、微视频为重点的新媒体网络平台，构建立体化交叉覆盖的全媒体阵地。三是加强行为文化建设。全面推进优质高校建设，形成一批标志性成果，为"双一流"建设奠定坚实基础；导入卓越绩效管理模式，建立常态化的内部质量保证体系和可持续的诊断与改进工作机制；发挥各种形态校园文化活动的育人功能，打造传统校园文化活动卓越品牌，培育一批卓越社团，做强卓越体育艺术品牌；构建大宣传格局，挖掘卓越典型，讲好学校故事，传递发展正能量，为学校改革发展凝聚强大合力，提升学校的社会知名度和影响力。

第六节　创新发展，智造梦想挺起工业脊梁

一、内涵提升推动率先发展

坚定不移地以提质增效为基调，启动实施教育教学综合改革计划，着力推进四大战略，全面推进从注重规模速度的粗放式发展向注重质量内涵的集约式发展转型，从硬指标的显性增长向软实力的隐形提升转型。

一是推进一流学院战略。培育招牌名师、培养名片学生、催生优质成果、铸就卓越品牌，力促核心竞争力提档升级，跻身全国优质高职和全省一流高职行列，力争教育教学成果的数量和等级名列全省首位，综合实力位居全国示范高校第一方阵前列。

二是推进一流专业战略。按照对接产业、聚焦内涵、分类指导、凸显优势、重点突破、引领发展的思路，以跨界融合为特征重塑制造业价值链，培育产业发展新动能，促进智能型制造类专业做优做强、稳定发展，高端型制造类专业做新做好、优先发展，服务型制造类专业做精做特、扶持发展。

三是推进文化引领战略。进一步凝练具有自身特质的大学精神，持续加强"一院一品"建设工程，倾力塑造体现现代工业元素的工匠文化精品，打造省级校园文化建设成果、国家级校园文化建设成果，有效发挥以文化人、以文养心的育人功能，全面提升人才人文素养和道德情操。

四是推进"互联网＋"战略。加快智慧校园、先进教室、未来教育建设步伐，建成以大数据、云服务为核心的信息环境，深植数字化于校园各个系统、工作过程和基础设施之中，着力推动教学效果、管理效率和服务效能的同步提升。

二、现代治理推动创新发展

锲而不舍地加大改革攻坚力度，启动实施机制体制革新计划，深化管理体制和运行机制创新，借助制度创新激发创造活力，切实增强自主发展能力。

三、开放服务推动协同发展

持之以恒地遵循大职教理念，启动实施社会服务互惠计划，以开放共享汇聚多元主体和创造发展机遇，以优化服务寻求广泛支持和拓展生存空间。

（一）服务"中国制造 2025"战略

发挥跨行业、跨地域合作的校企战略联合体作用，多方联合进行人才培养、开展技术攻关、承担重大课题、建立研发平台，积极创建全国机械行业高素质技能人才培养中心、应用技术协同创新中心、先进制造技术促进与服务中心、校企共建生产性实训中心，切实增强服务产业优化升级和地方经济发展的能力。

（二）服务"大众创业、万众创新"战略

校企携手基于分类指导构建"播种子、闻花香、摘果实"三层培养机制，基于认知规律搭建"小舞台、操练场、大熔炉"三大实践平台，基于课程、组织、服务构筑三大保障体系，建设校内外学生创新创业示范基地，扶持创业先锋，打造创客品牌。

（三）服务国家终身学习建设战略

依托省职业教育学会，发挥改革发展利益统一体的作用，引领带动各兄弟院校利用相对优势，开展开放性继续教育教学，打造特色服务品

牌，建立健全个性化、网络化教学服务体系，满足社会多样化学习和人的全面发展需要。

（四）服务国家"一带一路"倡议

依托国际合作项目，发挥优质教育资源共享体的作用，加快推进人才培养国际化建设，从追数量、求增量的交流活动向强调质量、注重实效的合作项目转变，开展与英国、新西兰、俄罗斯、韩国高校合作的师生互换交流项目等。

四、质量保障推动持续发展

矢志不渝地围绕人才培养这一根本任务，启动实施质量保障支撑计划，重点在提振师资水平、构建质量保证体系、提升管理水平方面下功夫，让内部质量保证体系"落地生根"。

一要以一流师资保障一流质量。坚持能力提升与学历提升并举、教学水平与学术水平提高并进，通过教育理念提升、知识技能更新、工程实践轮训、国际视野拓展、名师分层培育等，培育师资团队。

二要以教学诊断保证一流质量。制定分层分类、全面多维、突出特色的教学诊断与改进试点实施方案，分段推进教学诊断与改进工作。在专业试点基础上，总结学院、专业、课程、教师、学生各个层面的经验，形成学院层面和各相关部门自主整改流程，并在全院各层级质量保证机构逐步拓展。

三要以一流管理支撑一流质量。探索实施分类管理、分类评价的人事管理制度，能上能下、能进能出的聘用机制，以岗定薪、奖优罚劣的分配制度，充分激发人力潜能。突出教学环节管理，制定人才培养过程中关键要素的质量标准，实现教育教学质量标志性数据易采集、可量化。

第七节　高校创新创业教育模式的构建与实践

一、探索构建高职创新创业教育新模式的必要性

（一）创业教育是高校人才培养的内生性需求使然

一直以来，管理学派认为创业教育的目的在于培养创业者，使创业者具有创办企业和发展企业的素养和能力，创业教育目标是使学生具有创业能力。教育学派认为创业教育的目的在于培养人的"事业心和开拓心"，使学生具有良好的创业精神、职业态度、职业素养，以促进学生更好地就业。虽有分歧，但管理学派和教育学派对创业教育培养学生创业知识、创业能力、创业素养、创业人格特质的认识是一致的，都认为创业教育是培养人才的必要手段。因此，如何把创业教育纳入人才培养体系，既面向所有学生开展创业素质教育，又面向有创业预期的学生开展创业能力教育，把创业教育和创业实践作为高校教育教学综合改革的突破口，深入探索高职教育新模式，是高职教育发展的内生需求。

（二）创业教育是国家创新创业环境及其政策使然

近年来，创新创业活动已经成为我国产业结构调整和产业结构优化

升级的驱动力量，而创业教育是推动我国创新创业的重要引擎；创新创业成为我国的社会经济发展战略，而创新创业教育已经成为我国高等教育的主旋律。为了深入贯彻落实《国家中长期教育改革和发展规划纲要（2010—2020年）》和《教育部关于全面提高高等教育质量的若干意见》精神，推动高等学校创业教育科学化、制度化、规范化建设，切实加强普通高等学校创业教育工作，2012年教育部制定了《普通本科学校创业教育教学基本要求（试行）》文件，规定高等院校创业教育的原则、内容、方法，并编制了"创业基础"教学大纲。为了进一步推动高等院校的创新创业教育，2015年国务院颁布《关于深化高等学校创新创业教育改革的实施意见》。创新创业和创业教育并举，有其必然的逻辑，创新创业实践需要大量有创新创业理念、精神、能力的人才来支撑，创业教育推动创业实践。高校创业教育是培养创新创业人才最主要的途径。在我国"大众创业，万众创新"发展战略的背景下，探索高校创业教育模式，提高创新创业质量，是高校落实国家创新创业教育政策和顺应创新创业潮流的使然。

（三）创业教育是克服高职创业教育缺陷使然

虽然我国高等院校创业教育起步晚，高校尤其如此，但是目前创新创业教育受到了高校前所未有的重视，并逐渐成为人才培养的重要组成部分。高校的创新创业教育模式还不成熟，同质化现象严重，看似轰轰烈烈，却没有落地生根，还存在教育形式单一、理论与实践背离、教育效果不明显等缺陷。因此，高校有必要借鉴国内外成熟的创新创业教育模式，结合高职教育的职业属性和职业教育的目标，进一步探索和优化创新创业教育模式。

基于上述认识，重庆电子工程职业学院开展了"双课融通，四步为营"创业教育模式的构建与实践。学校以优质校建设为契机，深入推进创新发展行动计划的若干项目任务，加大投入建设创新创业基地，优化创业教育资源配置，积极探索创业教育规律，逐步构建起"双课融通，四步为营"创业教育和创业实践新模式。

二、"双课融通，四步为营"创业教育模式的内涵与实施策略

（一）"双课融通，四步为营"创业教育和实践模式的内涵

"双课融通"创业教育是面向所有学生的创业素养教育。创业课程是创业教育的载体，专业课程是职业教育的载体。"双课融通"的实质是消除创业课程和专业课程之间的隔膜，根据学生的需要把创业教育和专业教育融合在一起。"四步为营"是面向在校已经创业或有创业意向的学生进行创业能力教育。"四步"是指创业能力训练的四个环节，即创意激发训练、项目催生训练、成果孵化训练、企业运营管理训练。"营"的本义是军队的驻地，在这里是指为创业实践基地配置的创业设备、设施和师资，以及对学生施加创业能力训练和创业指导的综合体。所谓"四步为营"创业实践教育模式是指按照军队训练的要求，逐步在创业实践基地，对学生进行激发创意、项目催生、成果孵化、企业运营管理等培训，

强化训练学生的创业能力，使学生的实际创业项目或模拟项目能够步入商业运营轨道。作为"点面结合"的创业教育，"双课融通，四步为营"创业教育体系的构建可同时满足学生就业和创业的需求，既培养全校学生自主选择就业岗位的能力，满足绝大多数学生就业的需求，又培养了部分学生创造就业岗位或自主创业的能力，满足少数学生创业的需要。

（二）扎实推进"双课融通，四步为营"创业教育的策略

为了推进"双课融通，四步为营"创业教育，促进创业教育与职业教育的有机融合，重庆电子工程职业学院选择了如下与之相适应的实施策略。

1.深入分析影响创业教育的关键要素，创建多元化创业教育平台和载体

一是整合校内资源，把"重电众创 e 家"打造成学生创业实践教育和创业实践的核心平台，为学生提供创业培训和创业指导服务。二是加强"双课融通"，使专业教育从无意识的创业教育成为有意识的创业教育载体，强化专业课程所具有的专业教育和创业教育双重功能。三是加强社团建设，支持社团活动。学校大力扶持创业协会、计算机协会、机电协会、汽车协会、管理协会等创新创业和专业社团，社团长期举办创业沙龙、创业讲座、知识竞赛、技术下乡等丰富多彩的活动，营造了良好的校园创业文化氛围，激发了学生的创业潜质和创业热情。四是积极参与和举办创业竞赛和职业技能竞赛。我国高校创业教育起源于清华大

学主办的创业大赛，创业大赛在创新创业教育中发挥了不可或缺的作用。职业技能大赛是我国职业改革的重大成果，是职业技能培养的重要手段。虽然创业大赛和技能大赛的形式和内容不同，但都是理论教学和实践教学的连接平台，都能训练学生的项目策划能力、锻炼学生的意志和激发学生的潜能，都是院校培养学生创业能力和就业能力的重要载体。学院不仅积极承办和组织学生参加国家级、省市级的创业大赛和职业技能竞赛，而且在校内举办跨学科创业方案设计大赛，工科类专业和管理类专业学生混合组队参赛，设计的创业方案既包括产品设计，又包括企业组织架构、管理制度、资源配置、市场定位等内容，不仅促进了学生之间的交流与学习，而且有助于学生完善创业知识结构。五是开设创业讲坛。聘请创业教育专家、政府官员、创业者、本校创业教师举办各种形式的讲座，传播创业知识，分析创业案例，解析国家创业政策，分享创业经验。六是引入 GYB（创业意识培训）和 SYB（创办你的企业）创业培训，按照联合国劳工组织开发的标准培训方法体系，组织学生培训和认证。七是倡导和鼓励学生勤工俭学和社会实践，学生在不断与雇主谈判、与顾客或民众交流过程中，培养自己观察社会和捕捉"商机"的能力，使社会实践成为培养学生创业精神和能力的有效载体。八是积极参与人力资源和社会保障部组织的职业核心能力培养和考评工作，在培养了学生核心能力的同时，也培养出一支具有职业核心能力训练和考评的教师队伍。

2. 健全创业教育保障措施

一是争取获得政府支持。科技部、重庆市科委、重庆市教委、沙坪坝区政府等以奖励的形式为学校创新创业基地建设投入资金215万元，沙坪坝区政府提供500万元的风投资金。沙坪坝区政府协调工商、税务等部门共同制定15条扶持学生创业的政策，并安排专人定期到学校创业基地调研学生创业状况，及时解决学生创业遇到的困难。二是深化校企合作。引入深圳普乐创投投资管理公司，公司投入500万元创业基金，专业化指导和管理创业项目，成为学生创业项目真正的孵化器。三是学院高度重视。在资金非常紧张的情况下，投入创新创业基地更新改造、设施设备购置等资金近800万元，投入种子资金200万元。学校依托"互联网＋"，把学院的创新创业园、产学研中心，以及二级学院的教师工作室、应用技术研究所等资源整合到创新创业基地，使基地不仅具有创业经营场地管理、政策指导、工商注册、项目策划、管理咨询、融资、技术鉴定等综合服务功能，还具有完善的创业培训功能，成为集创业教育和创业实践于一体的综合平台。学校从教师队伍建设、绩效分配、人才培养方案、专业课堂教学和实践教学、学生学籍管理、学生活动、学生社团等方面制定了一系列与创新创业教育相关的政策，以落实学院的"双课融通、四步为营"创新创业教育方案。四是加强校园创业文化建设。弘扬创业精神、宣传学子的创业历程和回馈母校的感人事迹、树立创业榜样，激发学生创业潜质和创业热情。

3.加强"双课融通"教育，深化创业教育的内涵

职业教育隐含创业教育是一个客观存在的事实，但是对于教师和学生来说，隐含在职业教育之中的创业教育属于无意识的创业教育范畴，

教育效果难以评判。"双课融通"就是要通过教学制度、人才培养方案、教学计划等纲领性文件来保障和固化专业教学的创业教育功能，使专业教学隐含的无意识创业教育转变成有计划的教育，放大专业教学的创业教育功能。"双课融通"是一个人为控制而非自然的过程，通过控制使创业教育与职业教育融为有机的整体，使专业课程教学中隐含的创业意识、创业精神、创业人格特质等隐性创业知识教育落地生根。具体来说，通过以下四个方面来实现"双课融通"。

（1）深化教学制度改革，固化"双课融通"创业教育模式。

把创业教育纳入人才培养方案、课程体系、课程内容体系、课程教学大纲，并以教学制度的形式固化。按照创业课程的属性不同，划分为隐性创业课程和显性创业课程，不同属性的创业课程融入专业课程的方式也不同。显性创业课程只是纳入专业课程体系统一安排教学，仍然保持课程本身的完整性和独立性。其中，"大学生创新创业教育"作为公共必修课程，所有学生必须学习；企业营运管理、风险评估、经济活动分析、商业计划、市场调查、公司章程等课程作为公共选修课程，学生根据自己的意愿选择。隐性创业知识主要包括创业意识、创业精神、创业人格特质等，其载体是隐性创业课程。我国《教育大辞典》把隐性课程解释为"学校政策及课程计划中未明确规定的、非正式和无意识的学校学习经验"①。这只能说明隐性创业课程难以有计划地开展教学，但并不能说明学校无所作为。通过积极的强制措施和学生的自主意识，使

① 教育大辞典编纂委员会编. 教育大辞典 第2卷 师范教育、幼儿教育、特殊教育[M]. 上海：上海教育出版社，1990.

学生对隐性创业知识从无意识获取转变为有意识获取。这是"双课融通"创业教育的精髓。

（2）深化教学方法改革，强化专业教学的创业教育功能。

把创业课程融入专业课程，并不是在专业课程中教授创业知识，而是在专业课程教学过程中，教师的言行、品德、教学方法等对学生创业意识、创业精神、创业人格特质形成潜移默化的影响。一方面，改革课堂教学方式。传统的灌输式教学方式和考核方式都是以教师为中心，忽视学生的主体地位，学生只能被动地接受知识和机械地记忆知识，弱化了学生的人格培养。摒弃传统的教学方法和考核方式，在教学中广泛运用探究式教学、项目教学、启发式教学、问题教学、案例教学等方法，以问题为导向，以自主探究和合作解决问题为手段，设计教学方法和开展教学活动。这些教学方法都有共同的特点，营造民主、平等、合作的教学环境，增强学生的主体意识，发展学生个性，提倡合作教学，有利于学生的自尊自信、合作宽容、交流沟通、责任感等人格品质的形成。另一方面，全力推进基于全价值链的校企联盟，加强专业实践教学改革。依托产业价值链的龙头企业，建立校企联盟组织，建立与企业对接的专业实践教学基地，创设真实的工作环境，按照企业的生产经营方式，配置生产要素、布局实训现场、制定管理制度、设计实训流程，以项目或任务驱动实践教学。实践教学制度规定顶岗实习学生必须深入了解所在企业的发展历史、组织结构、管理特点、产品特征、市场竞争态势、发展趋势等，并把对企业的认识融入实习报告。学生通过专业实践学习，能够直观地认识企业组织和生产经营的基本特征，获得生产或经营管理的经验。

（3）加强教师队伍建设，规范教学过程，发挥教师的创业教育功能。

教师是学生认知学习的主要对象，是学生获取隐性创业知识的重要来源。教师不仅是专业知识和专业技能的传播者，还是学生的人生导师和学习榜样，对学生价值观和人格品质的形成都有巨大的影响力。建设一支优秀的教师队伍是实施"双课融通"创业教育的基础。学校通过招聘、外聘、校企合作，建立专兼职教育教师队伍；通过岗前培训、课程轮训、骨干研修等，培养教师的教学能力；支持教师创业和挂职锻炼，培养一支有实际创业经验的教师队伍。通过培训或锻炼，创业教师和专业教师不仅具有丰富的专业知识和扎实的专业实践能力，更具有优秀的师德师风和富有感染力的教学水平，增强教师把创业隐性知识外显的能力。在教学过程中，教师通过情感浸润、交流互动、精神激励等方式，激发学生学习的自主意识和自主性。教师对学生晓之以理、动之以情、教之以严、导之以行、授之以渔，使学生懂道理、明事理、通情理、知伦理，培养学生的沟通能力、适应能力、道德感、责任感等。教师的教学作风、政治态度、思维方式、为人处世乃至举手投足无不潜移默化地影响着学生成长。教师积极认真的教学态度、严谨的教学逻辑、灵活的教学方法，有助于学生理解知识、记忆知识和掌握学习方法，激发学生的求知欲和好奇心。

（4）实施"四步为营"创业实践教育，培养创业人才。

虽然高校创业教育的根本宗旨不是让每个学生去创业，但是必须培养一大批创业人才，为自己和社会创造就业岗位。学校借鉴国外商学院创业人才培养经验，组织项目创意激发训练营、项目策划训练营、项目培育孵化训练营、项目运营管理训练营，针对具体的创业项目，强化训练学生的各项创业能力。

第八节　高校差异化定位：技术论的视角

一、定位分析框架

建立高校的定位分析框架应首先解读定位的内涵与本质。有关高校定位内涵的代表性观点主要有：一是位置说，高校定位就是在所属的社会系统、子系统中确立自身的位置及确立自身包含的各要素的优先位置。二是观念理念说，高校定位是高校办学者的教育理念的集中体现，反映了办学者的办学愿景，是在办学者个人经验基础上的深思熟虑。三是战略规划说，高校定位是在分析内部条件、外部环境基础上的战略形成过程，它为高校的发展绘制出航线和方向，提高了成员行动的协调性，具有前瞻性、长期性和实践性等特点。

综合以上几种观点，定位是办学者根据自身内部条件、办学传统，综合分析外部发展机遇与挑战后，在所属的系统中确立自身位置的过程。高校定位是一个复杂系统，涉及众多要素和多个定位主体。笔者在梳理文献的基础上发现，有关高校定位的要素主要包括目标定位、类型定位、层次定位、水平定位、特色定位、性质定位、功能定位、学科定位、人才培养层次定位、服务面向定位等。进一步分析可得知，上述定位要素有层次之分，应分属不同的定位主体，有些是政府行政权力下的事先规定，有些是个体院校自主办学的一部分，有些是定位的条件，有些是定位发展的价值追求与目标结果，不可一概而论，在办学实践中应加以区分。

目前，地方本科院校向应用型转型，发展本科层次的职业教育，那么地方本科院校与专科高校应如何协调分工，如何界定、阐释层次上的差异？

首先，我们知道，职业教育是工业化和技术发展的产物，技术发展是职业教育发展的根本动力。技术发展所呈现出的新特征与新要求应作为高校定位发展的现实基础。

其次，高中以后教育的各种类型是社会所需各种人才类型的反映。作为与社会需求具有天然联系的职业教育更是如此。技术发展进步会导致新的社会分工，需要新的人才类型和人才结构，而这又决定并制约着职业教育结构。因此，人才培养类型定位是不同层次的高校差异化发展的关键所在，明确人才培养类型与特征是各高校定位发展的核心。

最后，明确了定位发展的起点与核心，在办学实践中还应厘清定位的前提。政府的"分类、分层"引导是高校定位发展的前提。高校的定位是分类引导与自身秩序的有机结合。高校定位的考量因素包括自身办学传统优势、国家社会发展需要、纵横向的院校比较等内外环境条件。

但是，政府宏观领域的"类型与层次"规定是各高校办学定位的参照标准，也就是说高校定位应在遵循政府机构宏观引导的前提下，明确自身应承担的角色分工，充分发挥主观能动性，形成鲜明的办学特色。当然，政府的"分类、分层"只是一种宏观调控手段，目的是使各高校按照一定的标准形成层次分明、结构合理、相互补充的高等教育结构。高校的定位发展主要是高校主体自身的责任，要进行科学合理的定位应遵守一定的规则，参照一定的标准，而不是盲目定位、随意定位。

高校的类型归属有两个层面：院校类型归属和教育类型归属。根据涂尔干和莫斯对"符号分类"和"技术分类"的定义，"教育类型"应是一种"符号分类"，是对教育事实、教育现象、教育事件在观念上的逻辑归纳，反映了人们对事物自身发展的结构分化的认识程度；"院校类型"可以看作"技术分类"，是根据符号分类提供的框架和模式，在实际操作层面对事物之间的种属、并列、层次关系的认识和划分。相比较来说，"院校类型"的定位是表面的、复杂的、动态的，"教育类型"定位则是深层次的、概括的、相对稳定的。根据不同的分类依据和标准，院校可划分为不同的类型。按学科结构可划分为综合性院校、多科性院校、单科性院校等；按经费来源可分为公立大学、民办大学等；按人才培养目标可划分为精英型、大众型、应用型、技能型等；按院校的功能，可分为研究型大学、教学型大学或是研究教学型大学等。目前对院校类型的划分缺乏公认的统一标准，存在交叉重叠、边界模糊等问题。因篇幅所限，高校的"院校类型"归属问题不在本讨论范围之内，我们仅将主题限定于"教育类型归属"方面。

高校的"层次定位"也有不同的划分标准，如办学水平的领先、一流等，隶属关系的部署、省属，人才培养层次的本科、专科划分等。本文将主题限定于"人才培养层次"的划分，重点分析专科、本科层次的高等教育在人才培养规格上的不同。

综合以上分析，我们可将高校的定位由里到外、由上及下分为三个层面：人才类型、教育类型、院校类型。人才类型分类是科学技术发展带来的一种客观结果，教育类型定位是政府教育机构对整个高等教育系统的宏观规划与指导，院校类型定位更多地体现为各办学机构因地制宜、自主发展的价值追求和行动方案。

二、技术、技能解析

技术和技能是职业教育的核心概念，两者既有质的区别又相互联系、相互渗透，厘清它们之间的逻辑关系，界定好各自的内在层次，能从本源上提高高校人才培养的针对性，为不同层次的高校的定位发展提供理论依据。

（一）技术要素

技术的表现形态可分为三类：作为客体（人工物）的技术、作为活动的技术和作为知识的技术。技术具有知识的一面，是有关人们改造自然的生产实践的知识，但又不仅限于知识，技术总是要指向一定的人工物，不能凝结为人工物的技术是不被承认的。

第一，作为客体的技术，技术经常与各种生产工具、器械、装置等各种物化的人工物联系在一起，技术的直接目的就是创造各种人工物。这种人工物可以是物质形态的，也可以是非物质形态的。技术既是人们利用自然、改造自然的工具，也是改造社会、改造人类自身的方式手段。人们从事具体的技术活动都是为了特定的目的，解决实际问题。评价技术行为的标准就是各种人工物的有效和有用，是否实现了预期的目的。

第二，作为活动的技术，技术属于人与自然、社会能动关系的实践范畴。技术活动与人的各种行为相联系，可做出清晰辨别的技术活动有设计、发明、制造、改进、操作、维修，这些技术活动主要围绕"制造人工物和使用人工物"而展开。从此角度解析技术，可界定不同层次的高校所培养的人才类型的任务分工。

第三，作为知识的技术，技术知识不是科学知识的简单运用，也不是它的延续与分支，技术知识有自身特有的、独立的知识内容、结构、表述方式（默会知识）和评价方式（效用）。把技术看作科学的简单应用抹杀了技术的独立性，也是当下某些高校按"学科化理论知识"模式组织教学的病源所在，高校应按技术建构的世界作为活动场域。技术知识分为三个层面，一是经验、技能，经验主要是人们在各领域的实践中所积累的直觉体验；技能是人们在经验、技术规则指导下，借助于一定的物质手段，在实践过程中表现出的主体活动能力。技能是技术知识的一个重要层面。有关技能的本质将在本文的下一部分进行详细的分析。二是技术规则、原理，它是带有目标指向的、普遍性的技术行为序列。

三是技术理论，它是关于技术实践过程、操作方法的规律性阐述，是技术规则的理论化。总之，技术知识由一系列行为规则系统构建，是为了实现特定的实践目的的知识组织，包含了所有为实现目的及与目的一手段密切关联的规则原理，由此看来，技术知识主要是关于"Know—How"的程序性知识。技术知识的层次性表征了不同层次的高校应向学生提供的知识内容。

（二）技能的本质、形态与形成过程

技能是技术哲学研究中一个基本概念，探讨技能的本质、技能技术的相互关系及技能的形成过程，对高校的人才培养定位具有重要的指导意义。古代的技术主要表现为人们制造和使用工具的技艺和能力，技能是技术的本质属性。随着科学与技术的密切联系与发展，技术由纯粹的经验支配发展为越来越以科学为基础，技术超出了技能范围，其外部联系与内部结构越来越复杂。技术与技能的关系演变可从"技术"一词在不同历史时期的表述上得以验证。技术最早在英文中是用"Techne"表示，意指经过训练而获得的技艺、技能，近代则用"technology"表述，从字面上看，它由技能（techne）与知识学问（logy）组合而成。

技能是人类的技术活动能力，是人们用已有的经验和知识控制自己行为的思维操作活动和动作操作方式的总和。它有两种表现形态：智力技能和动作技能。智力技能表现为主体内在的反应能力、构思能力等，动作技能则反映了主体动作能力的准确性、及时性和灵活性，两者是统一的有机整体，共同作用于外在客体，实现特定的目的。"心灵手巧"是对这两种能力的生动写照。目前，很多高校在日常教学中往往只看到了技能的一种表现形态，重视训练学生的动作技能，忽视了智力技能的指导作用。

技能的形成过程大体可分为三个阶段：动作技能的协调阶段、智力技能的深化阶段和两种技能协调统一的技巧阶段。根据英国哲学家波兰尼的观点，人对事物的觉察分为附带觉知和焦点觉知两种类型。在动作技能的协调阶段，行为主体的注意力集中感知客体的大小、形状、速度、动作方式、行动步骤等外在的、机械性的一面，以模仿和掌握动作方式为主进而实现熟能生巧。此时，行为主体对动作之中蕴藏的诀窍、技巧、原理难以顾及，处于附带感知状态。在技能形成的第二阶段，动作技能已基本实现协调，这时主体的集中感知发生了转移，转移到对运动方式的技巧和规律性的理解上了，主体的智力技能不断深化。随着行为主体的外部实际动作和内部思维活动的协调统一，动作操作规则逐渐内化为主体的行动自觉，技能逐渐达到迅速准确、运用自如的"技巧"状态。

（三）现代技术与技能

古代，技术主要表现为技艺与能力；近代，技术主要体现为大机器的生产与操作等人工物形式。随着技术科学化的发展，各种自动化装置、人工智能不断出现，旧工具逐渐让位于独立于人的新工具。人们不禁要问，在现代技术体系中，技能的作用体现于何处，高校应如何训练学生的技能？现代技术的复杂性的确改变了技能发挥作用的方式，自动化装置、人工智能转移了人的部分动作技能，动作技能不再较多地体现于机器的操作与使用中，而是更多地体现于技术创新和技术演进的过程中。此外，现代技术对以逻辑能力和分析能力为基础的智力技能的要求不断增多，对人的技术理论层次的要求不断上移。所有这些变化要求高校应改变过去单纯训练学生动手操作能力的人才培养模式，应强化学生的信息捕捉和加工能力，提高学生的智力技能水平和技术理论素养。

三、高校差异化定位的现实基础：技术发展的时代性和系统性

技术建构的世界是职业院校的主要活动场域，技术的发展是职业院校得以产生与发展的根本动力。技术的发展会引起教育模式的改变，埃德蒙·金在《别国的学校和我们的学校——今日比较教育》中提出，技术的发展存在三个阶段，与之相对应的是三个不同的教育阶段或教育模式。分析高校的差异化定位应首先分析技术的新发展和新特征引起的社会分工的变化及对学校人才培养的新要求，高校的差异化定位一定是立足技术发展的新要求而不是脱离现实发展的随意定位。

第一，技术的理论化程度不断提高。技术是随着人类改造自然、社会的实践和科学知识的发展而发展的，在不同的历史时期具有不同的表现形式。技术的发展大致经历了古代的经验技术、近代的以机械工具制造和使用为主的实体技术和现代的既包括各种物质手段也包括各种经验、方法、原理、规则、理论的知识技术。现代知识技术是一个复杂系统，

在这个系统里各种活动手段，不同层次、水平的知识及技术的过程交织在一起。在技术科学化和科学技术化的发展过程中，技术的智力成分和理论程度不断提高，技术的这种复杂性和层次性促进了社会的进一步分工，对相关从业人员的理论知识水平提出了更高的要求。

第二，技术进步不断带来新的社会分工。在工业生产系统里，社会分工最明显的变化就是负责将科学理论转化为现实生产力的工程师的工作不断被分解。在以实体技术为主的阶段，工程师把一部分理论要求较低、动手操作较多、需在现场工作的任务分给了技能型人才。在如今的知识技术阶段，为提高劳动效率需要工程师不断升级以实现专门化的精细作业，这样在工程师和技能型人才之间出现了另一类专业人员，即技术型人才。技术型人才负责将工程师的设计运用于实践，转化为能对社会产生具体作用的产品等物质形态，也被称为工艺型人才、执行型人才或中间型人才。技术型人才和技能型人才的社会分工，相应地引起了职业教育的类型进一步分化，即以技术型人才为主要培养目标的"技术教育"和以技能型人才为主要培养目标的"职业教育"（技能教育）。

第三，我国现阶段技术的转型升级。国际上，围绕新一轮工业革命的技术竞争越来越激烈，各国都在抢占技术制高点，技术的创新与升级已成为我国在竞争中获胜的关键所在，而这需要大量的高素质的技术技能型人才。现阶段，调整优化产业结构，实现创新驱动发展，将经济增长方式由主要依靠低成本的要素投入转移到主要依靠科技进步和提高劳动者的素质的轨道上来，需要具有高超技能、技术知识素养高的、复合型技术技能人才。

四、高校差异化定位的核心：人才培养类型

人才培养类型是区分专科高校与地方应用技术大学差异化办学的核心与关键。两类院校在人才培养类型方面具有一定的衔接和重合，因此应科学合理地界定两类院校的人才培养类型差异和显著特征，从而为它们的发展定位提供指导。有人认为地方应用技术大学应以理论学习为主，实践训练为辅；反之，专科高校应以实践训练为主，理论学习为辅。这种"理论与实践"泛泛的划分不能深刻揭示两类院校人才培养类型的差异。其实，技术理论有深浅的层次之分，技能活动有高低之别，它们的层次性可以作为技术技能人才培养的重要依据。

那么，"技术技能人才"和"应用型技术技能型人才"在技术知识层次方面有什么差异？在技术活动中的分工有什么不同？其创新能力分别体现在哪些方面？这都需要从技术技能本质上寻求理论依据。

第一，从技术知识的层次看，"应用型技术技能型人才"应掌握丰富的技术理论知识，同时应了解一些技术原理、技术规则等。地方应用技术大学应按知识载体组织教学，提高学生的技术理论水平，唯有掌握丰富的技术理论才能将理论联系实际，提高理论的应用能力，否则巧妇也难为无米之炊。但应用型技术技能型人才的理论技术水平不必达到工程型人才的高度，它更强调理论技术在实际情境中的应用，在解决现场实际问题中的应用。也就是说，应用型技术技能型人才应将技术理论与

实践应用结合起来，不仅知道怎样做，而且懂原理，这样才能提高技术转化的自觉性和科学性，提高实践能力。

"技术技能人才"应掌握丰富的技术原理、技术规则，同时应注重积累技能经验。技术原理、技术规则是对技术应用过程中操作行为的描述与记载，理论化程度不高，多为事实性知识。相比较来说，技术理论多为概念性知识，具有一定的普遍性和抽象性。技术原理、技术规则与生产服务密切相关，与特殊的实际场景相联系，具有特殊性、情境性和个体性。专科高校在强调学生从"做中学"获取实践经验的同时，应向学生传授相关的技术原理知识，将外显的动作操作内化为一定的智力能力，有利于规范学生的动作技能操作，强化学生的技术迁移能力。

专科高校除了向学生传授可以用文字、公式等媒介表征的技术原理外，还应注重让学生从实践中积累默会知识。默会知识依赖个体在实践中的观察、体验和敏锐的洞察力，是一些只可意会不能言传的高度个人化的直觉经验，如钢琴的触键、烹饪火候的掌握。默会知识是技术技能型人才高超技艺、精湛技能的显著标志，所以专科高校应注重培养学生的动手操作能力，但也不应忽视技术原理的传授。

第二，从技术活动来看，在技术研究、开发与应用的整个过程中，应用型技术技能型人才主要承担"开发到应用"环节中的任务，负责将工程师的设计、规划转换为具体的物质形态。在开发到应用的环节中进行技术规划，提供技术保障，将工程技术原理转化为现实的生产力，是现代技术的应用者和实施者。技术技能人才主要承担"应用"链条上的任务，如加工产品的零部件、操作机械、装配产品、设备维修等。

第三，从技术创新来看，两类人才的技术创新模式是各有侧重的，应用型技术技能型人才以"现象发现"模式为主，而技术技能人才的创新能力主要来自技术的"日常改进"，这两类模式都不涉及特别深奥的科学理论和重大的社会需要推动。应用型技术技能型人才在技术转化的实践中会遇到各种技术现象、事实发现或技术缺陷等，他们可以有意识地将某一缺陷转移到技术理论、技术原理的构思中实现技术创新发展。技术技能人才在日常的技术使用过程中，以问题为导向，依靠自身积累的经验知识，发现技术的新应用或是将现有技术的要素重新组合，进行技术的渐进式改进或细枝末节上的适当完善。当然这两种技术创新模式并不是对立的，而是有时是相互交叉与重叠的。不同层次的高校在培养学生的技术创新能力时可以进行适当的选择和倾斜，有针对性地培养学生创新意识和能力。

第四，从技能形成过程来看，应用型技术技能型人才的实践过程以概念化活动为起点，此时行为主体集中感知技术理论、技术原理的实际应用问题，是将内在的以观念为载体的概念化活动不断转化为外显的以动作行为为载体的身体化活动的过程。智力技能在应用型技术技能型人才的实践活动中发挥主导作用，"动脑动手"可通俗地概括此类实践活动。技术技能人才的实践过程以身体化活动为起点，此时行为主体集中感知动作行为的熟练、连贯和协调，动作技能起主导作用。在反复练习中，行为主体不断将外显的操作行为内化为言传知识和默会知识。随着动作连贯性的增强，动作技能与智力技能实现了内在的有机结合，实现了技术规则对动作技能的自动调节，客观规律也不断转化为主体的主观认识。这两种实践活动的阶段性差异决定了两类院校人才培养过程的差异，在实际教学中应注意知识的呈现顺序和衔接性。

五、高校差异化定位的前提：教育类型归属

2014年颁布的《国务院关于加快发展现代职业教育的决定》指出，应发展本科层次的职业教育和专科层次的职业教育。《现代职业教育体系建设规划（2014—2020年）》以及《高等教育创新发展行动计划（2015—2018年）》对专科高校和地方应用技术大学的教育类型均做出了明确的界定，即都属于高等教育，两者同"类"不同"层"。为更详细地阐释高校之间的分工差异，有必要对"高等教育"的下位概念进一步分解。教育类型的划分标准虽然仁者见仁，智者见智，但它总是以特定的人才类型培养为根本依据，教育类型总是以"具有一定结构和内容特点的课程计划"为载体。

根据目前较流行的人才划分标准，人才大体可分为学术型、工程型、技术型和技能型。我国学者普遍把以培养技术型人才为主的教育定义为"技术教育"，把以培养技能型人才为主的教育定义为"技能教育"（职业教育）。这一划分标准与1984年联合国教科文组织颁布的《技术和职业教育术语》的划分标准较为一致，该标准第八条条目为"技术教育"（Technical education），第九条条目为"职业教育"（Vocational education）。在条目释文中提出技术教育的培养目标主要包括技术员（technician）、技术师（technologist）等技术型人才，学习内容包括通识教育，理论的、科学的和技术的学习及相关的技能训练。职业教育的培养目标以技能型人才（skilled personnel）为主，注重实践训练。

教育活动是以文化，特别是知识为中介在现实中展开的建构性活动，教育建构性活动的媒介是教育类型的重要标志。由上文技术本质的分析得知，技术具有理论技术、技术原理和经验技术的层次之分，有制造和使用技术手段的活动领域划分。技能形成具有动作技能的熟练阶段、智力技能的深化阶段和动作的技巧阶段的划分。以此为出发点可以得出，技术教育以理论技术、技术原理及其在实际中的应用为主要建构媒介，技能教育以技术原理、经验技术、智力技能与动作技能的协调能力为主要建构媒介。技术教育和技能教育是两种不同的教育类型，在承认各自相对独立性的前提下，应推动两类教育类型协调发展和相互贯通。

六、高校定位的实现：差异化优势

杰克·特劳特认为，所谓定位就是令自身与众不同。高校定位的实现应以获得差异化优势为目标。首先，差异化是基础，地方应用技术大学与专科高校的人才培养类型不同，所实施的教育类型不同，在办学定位中各类院校应明确界定各自的人才培养类型和教育类型，确立自身在高等教育系统中的生存与发展空间，避免落入同质化窠臼，模仿办学。为了突出差异化，各高校应使人才培养模式、课程设置等符合自身教育类型的规律与特点，这是各学校获取竞争优势的基础。其次，优势是目的，各高校应立足差异化基础，合理配置资源，充分抓住外部发展机遇，找准定位，在各自生存空间内将差异化凝结为独特的办学优势，为学校的可持续发展奠定基础。

不同类型、不同层次的高校都可以在各自领域内获取差异化优势，无须盲目追求高层次。差异化优势是差异化基础上的竞争力量，与办学特色不同。办学特色未必就是一所学校的办学优势，办学特色有时是指学校的办学特征、办学类型等，如师范教育是所有师范类院校的特色，但并非所有师范院校能将师范教育特色发展为竞争优势。差异化优势意味着该高校在高等教育系统中占据独一无二、无可取代的地位，很难被模仿与复制。

参考文献

[1] 李玉枝. 我国高等教育发展方式转变研究 [D]. 广州：华南理工大学，2021.

[2] 樊安群. 高等教育发展规模论 [D]. 厦门：厦门大学，1992.

[3] 倪维芳. 黑龙江省高等教育发展促进区域经济发展问题研究 [D]. 长春：东北师范大学，2007.

[4] 段阳萍. 我国高等教育大众化阶段普通高校成人高等教育发展的反思 [D]. 北京：中央民族大学，2006.

[5] 贾同. 大数据对高等教育发展的推动研究 [D]. 重庆：西南大学，2015.

[6] 王娟. 我国经济增长与高等教育发展关系的实证研究 [D]. 重庆：重庆大学，2005.

[7] 孙泽厚. 高等教育发展进程中高校毕业生就业问题研究 [D]. 上海：华东师范大学，2002.

[8] 于富增. 国际高等教育发展与改革比较 [M]. 北京：北京师范大学出版社，1999.

[9] 房剑森. 高等教育发展的理论与中国的实践 [M]. 上海：复旦大学出版社，1999.

[10] 山西省教育厅. 山西高等学校发展纪实 [M]. 太原：山西教育印刷厂，2005.

[11] 陆映波. 阿拉伯高等教育发展任重道远 [M]. 北京：社会科学文献出版社，2014.

[12] 郝瑜，孙二军. 区域高等教育发展战略与政策保障 [M]. 北京：社会科学文献出版社，2014.

[13] 邹冬生. 中国高等教育发展新思路探索 [M]. 长沙：中南大学出版社，2008.

[14] 范文曜. 高等教育发展的治理政策 [M]. 北京：教育科学出版社，2010.

[15] 黄宇智，杨锐，吴二持. 中国高等教育发展宏观背景研究 [M]. 广州：广东高等教育出版社，1995.

[16] 李文成. 国外私立高等教育发展研究 [M]. 郑州：郑州大学出版社，2007.

[17] 卢晓中. 现代高等教育发展研究（中国高等教育学中青年学者论丛）[M]. 青岛：中国海洋大学出版社，2009.

[18] 孟明义. 高等教育发展战略简论 [M]. 北京：社会科学文献出版社，1987.

[19] 徐辉. 高等教育发展的新阶段：论大学与工业的关系 [M]. 杭州：杭州大学出版社，1990.

[20] 阎金童，唐德海，何茂勋. 高等教育发展战略研究 [M]. 桂林：广西师范大学出版社，2002.

[21] 吴松，沈紫金. WTO 与中国高等教育发展 [M]. 北京：北京理工大学出版社，2002.

[22] 房剑森. 高等教育发展论 [M]. 桂林：广西师范大学出版社，2001.

[23] 王依然，谭丽丽. 高校工会推进大学与附属学校创新发展的实践与思考 [J]. 办公室业务，2023（6）：127-129.

[24] 胡晓丽. 高等教育管理信息化建设与创新路径研究——评《高等教育管理新论》[J]. 中国高校科技，2023（3）：1.

[25] 黄淑成，刘凯莉，王学兵，等. 高质量高等教育体系建设背景下农林高校产教融合创新发展路径探索 [J]. 高教学刊，2023，9（2）：37-40.

[26] 胡淑云. 数字劳动主导下的大学生劳动教育创新发展研究 [J]. 黑龙江教育：高教研究与评估，2023（5）：3.

[27] 孙小娟. 大学生创新能力培养的价值认知——评《高等教育管理与大学生创新能力培养研究》[J]. 科技管理研究，2023（1）：231.

[28] 马陆亭. 高等教育如何支撑创新型城市发展——深圳案例与国际视角 [J]. 国内高等教育教学研究动态，2023（3）：1.

[29] 余东升，郑小霞，袁东恒. 一流大学与组织创新——以美国高等教育的两次转型发展为例 [J]. 高教文摘，2023（1）：4.

[30] 王帅国. 学堂在线平台：以创新推动高等教育数字化升级 [J]. 中国高等教育，2023（2）：6.